Witho

LA
PAREJA
EN FAMILIA

ROCÍO RAMOS-PAÚL y LUIS TORRES

LA PAREJA EN FAMILIA

Es fácil si sabes cómo disfrutar del cambio

Primera edición: abril de 2016

© 2016, Rocío Ramos-Paúl y Luis Torres
© 2016, de la presente edición en castellano para todo el mundo:
Penguin Random House Grupo Editorial, S.A.U.
Travessera de Gràcia, 47-49. 08021 Barcelona

Printed in Spain - Impreso en España

ISBN: 978-84-03-50376-2

Depósito legal: B-3516-2016

Impreso en Romanyà Valls, S.A., Capellades (Barcelona)

AG 03762

Penguin
Random House
Grupo Editorial

A las «medias naranjas»
que completan nuestras vidas.

Índice

La pareja en familia. Es fácil si sabes cómo disfrutar del cambio

Desde el momento en que se decide tener un hijo, la vida comienza a cambiar. Cualquier alteración implica una readaptación, pero tener un hijo especialmente, porque hay que reajustar muchos ámbitos. En este libro hemos elegido describir la repercusión que tiene en dos personas formar una familia y proponer ideas y recursos para que ello no impida seguir disfrutando de la vida en pareja.

Es obvio recordar que la pareja la forman dos. Cada uno vive las experiencias, las decisiones, las angustias, los miedos, las expectativas, etcétera, de manera distinta y ambos tienen que aprender a ponerse de acuerdo para educar. Si a lo descrito añadimos que cada uno va cambiando en función de las circunstancias y según pasa el tiempo (lo que quiere, lo que le motiva, lo que deja de hacer, lo que le parece importante o nimio), educar y convivir se vuelve complicado. Sin embargo, si le preguntamos a alguien de qué se siente más orgulloso, casi con toda probabilidad dirá que de su familia; y la misma respuesta recibiremos si preguntamos cuáles son sus principales preocupaciones: «Ver crecer a mis hijos sanos y felices, proporcionar a mi familia todo lo que se merece...». Incluso nos atrevemos a anticipar que la contestación a la pregunta: «¿Dónde tienes tu mejor apoyo?», será algo así como: «En casa. Cuando llego y veo a mi familia, me siento feliz». Cuidar de los tuyos —no solo de los hijos, sino de la persona con la que has puesto en marcha este proyecto que es tu familia— reporta una gran satisfacción. Aunque hay etapas en que se nos olvida, la vida en pareja da muchas satisfacciones y es una pena perdérselas. Como dice el refrán: «Quien siembra recoge». En este libro queremos enseñarte a cuidar de tu vida en pareja para que puedas sacarle el máximo partido. Para ello haremos un recorrido por los procesos personales por los que atraviesa cada miembro de la pareja y propondremos maneras de afrontar las dificultades para que la paternidad sume y no reste a la misma. Los objetivos son:

—Describir a los que se incorporan a la paternidad la mayoría de sensaciones e ideas que los asaltarán.

—Acompañar a los que ya son padres en los cambios que van a ir experimentando.

Las parejas que pronto se convertirán en padres dedican meses a preparar la llegada del bebé. La realidad de cuidar de un hijo puede ser sobrecogedora. Cuando el número de miembros en un hogar crece, la relación con la pareja está destinada a cambiar. La nueva situación debe ser enriquecedora para sus protagonistas. Esto no quiere decir que esté exenta de dificultades: la convivencia implica conflicto; la forma en que lo resolvemos fortalece a la familia o la debilita. Por eso te mostramos distintas formas de disfrutar de los cambios que afrontará la pareja que decide tener un hijo.

La mejor manera es estar preparado para cuando se produzcan. Así que a continuación te presentamos los más frecuentes y la forma de resolverlos. Pon en práctica nuestras propuestas y no dudes en contarnos los resultados.

www.rocioramos-paul.com

Cambios que traen los hijos a la pareja

«Tener un hijo es maravilloso, lo mejor que te puede pasar en la vida». Seguramente esto es lo que oíste cuando te planteaste tener hijos, y es cierto, de lo contrario no pondríamos tanto empeño en vivir esta experiencia. Más difícil sería encontrar quien te hable de las dificultades que te plantearán los niños, y más difícil aún que alguien te reconozca el proceso por el que pasaréis tu pareja y tú. Nosotros le pedimos a una pareja de nuestro entorno que nos lo contara con las mayores dosis de realidad posible, y este es el relato literal que nos ha guiado a la hora de confeccionar el índice de este libro. Recogemos aquí las reflexiones sobre los cambios que han producido los hijos en su relación:

Primero hay un cambio físico en la mujer. Para Silvia su cuerpo es otro desde que tuvo hijos, lo que afectó a su sexualidad y a nuestra relación de pareja. Silvia se sentía mucho más atractiva antes de tener hijos, aunque para mí no era así.

Otro cambio en el que coincidimos es la pérdida de libertad. Cuando se es pareja piensas en tu proyecto de vida y en el proyecto conjunto de pareja, pero cuando tienes hijos es «nosotros y los hijos». Ya no cabe estar solo; te podrás separar de tu pareja, pero nunca del padre o la madre de tus hijos.

La falta de libertad comienza desde que son bebés; aquí la atención es más física, porque necesitan dedicación las veinticuatro horas. Esto es un cambio muy drástico respecto a la situación anterior, y no sé de dónde sacas las fuerzas porque el agotamiento es atroz. Hay que saberlo compartir en pareja, y aun delegando en terceros, la desconexión es muy difícil, por lo que el peso de la responsabilidad lo llevas tú siempre encima. En esta etapa te cuesta mucho encontrar tiempo para ti o para pasarlo con tu pareja sin estar pensando en cosas para los niños.

La falta de libertad también afecta a la toma de decisiones sobre tu vida personal, profesional, económica, social y familiar. En nuestro caso hemos vivido lo que es dejar una carrera profesional y decir que no a un traslado con ascenso por los hijos. No puedes evitar sentir cierta añoranza pensando cómo habría sido tu vida si no hubieras tenido hijos, sobre todo en lo que a lo profesional se refiere.

Desde el punto de vista económico, para Silvia el planteamiento financiero cambiaría radicalmente si no tuviera hijos. Su perfil inversor sería mucho más arriesgado, habría pasado más de hipoteca y se lo jugaría más en bolsa, tendría menos patrimonio y dispondría de mayor liquidez. A Silvia le preocupa pensar en la seguridad económica de sus hijos, y eso la convierte en ahorradora. Mi punto de vista no es tan radical; cambiaría si no tuviera hijos, pero, por ejemplo, si supiera que a mis hijos les va a ir muy bien en el futuro, me plantearía una hipoteca inversa para disfrutar más de mi pareja y no pensar tanto en los hijos.

En el aspecto social te vuelves mucho más ermitaño, los hijos condicionan tus relaciones y con quién te juntas. Buscas un «mirlo blanco»: alguien que te guste a ti, a tu pareja y que sus hijos se lleven bien con los tuyos, y eso es muy difícil de encontrar. Al final lo que ocurre es que te relajas y mantienes tu círculo de amistades. Aunque sigas intentando buscar el ideal entre los padres del colegio, de la urbanización o de las extraescolares. Ambos estamos de acuerdo en que, gracias a nuestros hijos, hemos ampliado el número de relaciones sociales, pero sacrificando tiempo para reunirnos con nuestros grupos de siempre.

En el aspecto familiar, a los padres y los suegros los convertimos en abuelos y esto influye en la pareja. Es un desafío para los abuelos y para nosotros, pero afortunadamente, en nuestro caso, tanto el apoyo como la falta del mismo nos han unido más en lugar de ser motivo de discusión. Como pareja hemos hablado mucho hasta establecer criterios para abordar la relación de los nietos con los abuelos. Hemos tenido algún enfrentamiento con madres y suegras, pero los hemos solucionado dándonos cuenta de que es la abuela de nuestros hijos y tenemos que verla como tal.

Otro cambio es que el haber tenido hijos nos asegura un proyecto común para toda la vida. Pese a lo diferentes que podemos ser en cuanto a aficiones, valores y opiniones, el proyecto siempre ha estado por encima de todo lo demás.

Tener hijos también te da la oportunidad de conocer a tu pareja en la faceta de padre o madre. Eso puede cambiar tus sentimientos. El descubrimiento te puede llevar a enamorarte más o al revés. A Silvia se le cae la baba conmigo en mi faceta como padre. En otras ya no tanto... Para Silvia el origen de muchos conflictos es que los hijos no los eliges, como a la pareja. Son como son, con su propia personalidad, no cabe separarte de ellos ni cambiarlos y esto en ocasiones puede ser difícil de aceptar.

Desde que empezaron el colegio, el principal conflicto está relacionado con esto y con los estudios. El cambio de colegio, por ejemplo, fue algo muy complicado de manejar. Nuestro hijo mayor ha cambiado varias veces de centro, la última fue con 11 años. Lo pasó mal, y cuando pensamos en otro posible traslado se nos «abren las carnes».

En el día a día los conflictos están directamente relacionados con los estudios: deberes, notas. Sobre todo para Silvia, porque les da mucha importancia. Otra fuente de conflicto es el uso a destiempo de las «maquinitas» (videoconsola, móvil, tablet, etcétera), que quitan tiempo a actividades como la lectura, el estudio y otras más «sanas». En este sentido, el uso inadecuado de Internet es ahora mismo para nosotros un problema. Hemos decidido que nuestros hijos tengan acceso a Internet, pero nos preocupan los contenidos que ven a veces. Vamos estableciendo los criterios en función de los acontecimientos.

Acerca de cómo hemos ido resolviendo los conflictos, y centrándome en los que nuestros hijos nos plantean a día de hoy, me referiré a dos que están muy presentes en nuestro ámbito familiar.

Los estudios: no consideramos que este problema esté resuelto, porque lo sufrimos día a día. Pero como dice uno de los tutores, «no hay que preocuparse, sino ocuparse». Actualmente nuestro hijo mayor está cursando la ESO y nosotros nos hemos convertido en estudiantes en turno de noche o a distancia... Aunque sabemos que esto puede ser una fuente de conflicto, hoy por hoy también disfrutamos de poder compartir horas de estudio con nuestros hijos. Será porque nos hace sentir más jóvenes o porque pensamos que así nos acercamos más a ellos, conocemos más su día a día. Al estar tantas horas juntos podemos tratar con ellos temas que de otro modo sería difícil hablar. Aprovechamos que siempre están encantados de «hacer un kit kat» y hablamos de cualquier cosa.

Respecto a Internet, nos dimos cuenta de que las webs a las que entraba el mayor estaban claramente fuera de lo que encontrábamos saludable para su edad. Se nos ocurrió decirles que la compañía que acabábamos de contratar nos ofrecía un servicio para clientes preferenciales que incluía información sobre las webs para adultos que visitaban nuestros hijos. Porque la proveedora de Internet sabía que había menores en la casa y tenía que hacerlo por ley. Cuando les contamos la historia se la creyeron, y hemos conseguido que estén más pendientes de dónde se meten. Mientras dure el susto, iremos pensando otras maneras de gestionar este tema.

Tuvimos una enorme bronca hace tres años cuando empezamos a usar tablets en casa. Los niños se descargaban muchos juegos gratuitos y les dimos la clave, porque nos resultaba más cómodo. De repente nos empezaron a entrar cargos de compras de 10 en 10 euros, y en dos horas habían comprado 700 euros en puntos. Llegaron a tener una de las mejores ciudades de toda la Red... aunque los niños realmente no eran conscientes de lo que hacían. Pudimos reaccionar a tiempo y, aunque resolvimos la parte económica, teníamos claro que había que replantear el uso de las tablets. Desde entonces, además de haber cambiado la contraseña a una que ni podemos memorizar de lo larga y compleja que es, cada vez que quieren descargarse algún juego nos confirman que es gratis y que no van a hacer compras. Al menos, parece que esta lección sí se la han aprendido bien.

Una de las mejores cosas que los hijos han aportado a nuestra relación de pareja es tener un maravilloso proyecto en común (mejor dicho, dos). Nos une mucho resolver problemas juntos. Hasta la fecha, los dos tenemos muy claro que es importante remar en la misma dirección y, si aparece alguna fisura, procurar que los hijos lo noten lo menos posible. Como pareja también nos supone un reto afrontar la educación sin caer en los errores que cometieron nuestros padres. Es algo que tenemos muy presente y que no siempre podemos evitar, porque te ves repitiendo actitudes que criticabas y encima te parece que es como tiene que ser. Será parte del cambio que implica convertirse en padre.

Sacar adelante nuestro proyecto nos aporta también una especie de gratificación mutua por haber criado entre los dos a esas personitas a las que tanto queremos.

Nos gusta mucho disfrutar de sus logros, más que si fueran nuestros; da muchísima satisfacción ver cómo van superando dificultades en la vida.

Bueno, esperamos haber podido transmitiros nuestras experiencias.

¡Un besote fuerte!

Javier y Silvia (padres de dos adolescentes)

PARA EMPEZAR

Convertirte en padre es lo más maravilloso que puede ocurrirte en la vida. Ahora bien, sin ser agoreros, tenemos que adelantarte que los hijos crean fricción en el seno de la pareja. Te describimos brevemente el recorrido que los padres suelen hacer según van creciendo los hijos:

— Del embarazo a los 3 años: esta primera etapa, en la que el desgaste físico hace que desees con todas tus fuerzas encontrar ese rato en el que dormirás más de cinco horas seguidas, da paso a un reajuste en el establecimiento de tus prioridades: tiempos para ti, para la familia y para la pareja, distribución de las tareas cotidianas, presencia de la familia política... y un sinfín de cuestiones que hay que adaptar.

Los hijos siguen creciendo, cambian sus necesidades y, con ellas, vuelves a reajustarte. La pareja se resiente de la falta de descanso. El desgaste físico de la crianza convierte cualquier esfuerzo pequeño en titánico. Las salidas con amigos, las cenas a solas o ir al cine los viernes son verdaderos sacrificios. En esta etapa se sientan las bases para una comunicación fluida. También el tipo de relación que tendréis como pareja con hijos.

— De los 4 a los 14 años: en contra de lo que hayas podido oír, tu presencia física es más necesaria que antes. El desgaste no es físico, pero la lucha por los deberes, el orden, la hora de acostarse o las tareas de colaboración en casa serán una constante. Cuando menos te lo esperes, te sorprenderás convertido en chófer de tus hijos porque las actividades extraescolares, los cumpleaños y demás hacen que haya días donde el tiempo que dediquéis a charlar sea el que pasas con ellos en el coche. En esta etapa es cuando se manifiestan las divergencias en la pareja en cuanto a criterios educativos y es el momento de consensuar actuaciones. Y mientras los hijos se inician en su recién estrenada vida social, la pareja puede recuperar cosas que dejó de hacer en etapas anteriores: teatro, viajes solos, deporte...

—De los 15 a los 20 años: ¿vuelan solos? Tus hijos se aproximan a la edad adulta y poco a poco van requiriendo menos tu presencia. Al final de esta etapa el trato será de tú a tú, de adulto a adulto. Habrá que hacer frente a una nueva vida sin la presencia constante de los hijos, aumentará tu tiempo sin ellos y entonces habrá que reajustar cuánto quieres dedicar a «tu otra mitad» e inventar nuevas maneras de estar juntos. No son pocas las parejas que, cuando llegan a este punto, tienen que buscar temas de los que hablar, o a las que les cuesta organizar planes para dos, por ejemplo las vacaciones.

— Hijos fuera de casa: es el momento de recoger lo sembrado, de sentarte frente a frente con tu pareja y evaluar si seguís teniendo proyectos juntos o, por el contrario, si después de dedicar vuestro tiempo a la educación de los hijos no tenéis nada en común. De lo que hayamos hecho por y con la pareja en las etapas anteriores dependerá en gran medida la satisfacción de la vida con ella a partir de ahora.

¿CÓMO VA TU RELACIÓN DE PAREJA?

Evalúa qué grado de satisfacción te produce tu vida en pareja, con independencia de la edad o la etapa en la que estén tus hijos. Este cuestionario es fácil de contestar y muy útil para reflexionar sobre tu relación. Una vez decidas qué cambios necesitas y por dónde empezar, nosotros te propondremos maneras de hacerlo.

Escala de ajuste marital (Locke-Wallace, 1959)

1. Considera y señala el número de la escala que mejor describa el grado de satisfacción de tu actual relación de pareja teniendo en cuenta todas las circunstancias. El punto medio de la escala, «feliz», representa el grado de satisfacción que alcanzan la mayoría de las personas en sus relaciones de pareja. La escala va desde los que son muy infelices hasta los pocos que experimentan una felicidad extrema.

0	2	7	15	20	25	35
Muy infeliz			Feliz			Completamente feliz

2. Reflexiona a continuación sobre el grado aproximado de acuerdo o desacuerdo entre tu pareja y tú respecto a las siguientes situaciones:

	Siempre de acuerdo	Casi siempre de acuerdo	Ocasionalmente de acuerdo	Frecuentemente en desacuerdo	Casi siempre en desacuerdo	Siempre en desacuerdo
2. Manejo del dinero familiar						
3. Actividades de ocio y distracciones						
4. Demostraciones de afecto y cariño						
5. Amigos						
6. Relaciones sexuales						
7. Costumbres (modos y maneras socialmente apropiados)						
8. Filosofía de la vida						
9. Modo de tratar a parientes y familiares						

Marca una sola alternativa:

10. Cuando surgen desacuerdos termina en que:

   a. Cedo yo

   b. Cede mi pareja

   c. Negociamos de mutuo acuerdo

11. ¿Tenéis y disfrutáis tu pareja y tú de intereses o actividades comunes fuera de las profesionales?

a. Todas en común

b. Algunas de ellas

c. Muy pocas de ellas

d. Ninguna de ellas en común

12. Durante el tiempo de ocio, qué preferís tu pareja y tú normalmente, ¿salir o quedaros en casa?

a. Ambos preferimos quedarnos en casa

b. A ambos nos gusta salir

c. Discrepamos en este punto

13. ¿Con qué frecuencia te asalta la idea de que ojalá no te hubieras casado/decidido a convivir?

a. Con frecuencia

b. De vez en cuando

c. Rara vez

d. Nunca

14. Si pudiera volver atrás en el tiempo y pudiera decidir de nuevo, creo que:

a. Me casaría/conviviría con la misma persona

b. Me casaría/conviviría con una persona diferente

c. No me casaría/conviviría con nadie

15. ¿Confías en tu pareja?

a. Casi en ningún caso

b. Raramente

c. En la mayoría de las cosas

d. En todas las cosas

Busca en el Anexo (páginas 201-204) las respuestas al cuestionario y decide, en función de los resultados, cuál es el primer cambio que te gustaría llevar a cabo. A lo largo de este libro te recomendaremos cómo hacerlo.

II

Comunicación en la pareja

Con independencia del resultado que hayas obtenido en el cuestionario anterior, la relación de pareja siempre se puede mejorar para que aumente la satisfacción, y una de las claves de esa placentera sensación es mejorar la comunicación.

Sea porque has decidido hacer cambios, porque quieres convertirte en modelo de comunicación para tus hijos o por cualquier otra razón, te animamos a que pongas en práctica las pautas que encontrarás a lo largo de este capítulo.

Cuanto más profunda es la relación afectiva que nos une más nos duele la crítica, más nos relajamos en el trato y más nos dejamos llevar por el enfado. A un jefe, cuando lo tienes delante, no le criticas igual que a tu pareja. No le dices lo mismo cuando no estás de acuerdo; de hecho, mides mucho tus palabras. Así que vamos a leer en un nivel cero de activación emocional lo que tienes que decir cuando te enfadas, para luego escribirlo o, al menos, pensarlo e imaginarte contestando. Así, cuando llegue el momento, este ejercicio realizado en tu imaginación te permitirá comunicar lo que quieres.

Cada pareja tiene una forma propia y característica de comunicarse y no tiene por qué coincidir con la que cada cual presenta en sus relaciones sociales. Uno puede ser socialmente encantador, capaz de hacerse entender y llegar a acuerdos fuera de casa y, a la vez, quedarse bloqueado cuando intenta hacer lo mismo con su pareja. «Habría que verlo en su casa» es una frase recurrente que expresa muy bien este concepto.

Da igual que lo hayas hecho muchas veces, olvídate de haber escuchado o haber dicho: «Es imposible hablar de esto o aquello contigo». Te vamos a proponer intentarlo al menos un par de veces más.

Detrás de comentarios como: «Imposible», «Ya lo he intentado todo», «Es incapaz de escuchar», «No se puede hablar de nada»... suele darse el convencimiento de que «no hablar de determinadas cosas es la mejor forma de prevenir una bronca». Lo que te proponemos es que la cambies por esta otra idea: «Da igual de lo que hablemos si ambos respetamos la forma de hacerlo».

Partiendo de situaciones de conflicto más o menos generalizadas, veamos algunos errores que podemos cometer cuando nos enfrentamos al día a día y algunos cambios de actitud muy sencillos que, puestos en práctica, consiguen resolverlos.

El enfado

Sentirse enfadado es un derecho. Enfadarse está dentro de nuestro abanico de emociones y así debe ser entendido. Nos enriquece como seres emocionalmente inteligentes que somos. Pero hay que saber enfadarse, porque las manifestaciones que hacemos cuando nos sentimos así pueden resolver el conflicto o recrudecerlo.

A menudo acumulamos malestar y cualquier excusa es buena para expresarlo. Nuestro enfado viene precedido con frecuencia de frases del tipo: «Ya podías echarme un cable», «Llego a las mil y tengo que apagar fuegos en casa», «No te haces cargo del cansancio que tengo». Otras veces es un comentario sarcástico el que abre la espita de las emociones acumuladas y no expresadas. El resultado son broncas, gritos y reproches: «Vaya, parece que solo guardas los buenos modos para los de fuera», «¡Anda, mira, el sofá te echaba de menos!». Dejamos claro cómo nos sentimos pero no resolvemos, simplemente estamos enfadados.

¿Por qué insistimos en seguir enfadados?

¿Por qué suponemos que dejando de hablar al otro conseguiremos que ceda a nuestras peticiones? Insistir en seguir enfadados nos hace regodearnos en las sensaciones negativas y de paso mostrárselas al otro para que al menos sufra en la misma medida que nosotros. Además nos hace interpretar todo lo que ocurre como negativo, porque buscamos que los datos corroboren nuestra hipótesis de lo que ha ocurrido y nos den la razón.

Cuando nos enfadamos, damos por ciertos —erróneamente— argumentos como:

— «La única forma de que comprenda que no se puede salir con la suya es atacándole».

— «Tengo que quedar por encima de mi pareja porque si me muestro sensible y débil se aprovechará de mí».

— «Si me rindo y accedo, nunca parará de exigirme cosas».

— «Disfruta dejándome en ridículo».

Pensar así solo consigue aumentar el malestar. Si el enfado se mantiene en el tiempo y no se hace nada por resolverlo, solo se logra estar a la defensiva y aumentar las probabilidades de dejarse llevar por arrebatos descontrolados contra la pareja, lo que inevitablemente desencadenará nuevos conflictos.

¿CÓMO SE SUPERA EL ENFADO?

Solo existe una manera eficaz para superar el enfado: eliminando su causa.

Vaya por delante que en una familia no siempre es posible lo que te vamos a pedir: parar, relajarte y contestar. Es muy probable que, como te pasas el día corriendo para llegar a todo, te estreses y cualquier nimiedad te haga saltar y desahogarte con el que tienes delante. Si estas explosiones emocionales son poco frecuentes, el otro puede entenderlas. El problema viene cuando las tripas contestan por nosotros demasiadas veces y el tiempo que pasas discutiendo es mayor que el que pasas comunicándote relajadamente o negociando soluciones. Si te reconoces en este párrafo o quieres mejorar la comunicación en familia, sigue los pasos en el orden que te contamos a continuación.

¿Merece la pena discutir?

El primer paso que te vamos a recomendar es que te plantees si la discusión sobre lo ocurrido merece la pena. Veamos un ejemplo:

Ana quedó encargada de comprar el regalo para el niño del cumpleaños al que ha asistido su hijo Marcos. Luis, su marido, los recoge al final de la fiesta y cuando le pregunta a su mujer por el regalo, esta dice: «¡Ah! Se me ha olvidado por completo, he tenido muchísimo lío en el trabajo y ni me he acordado».

Marcos le dice, enfadado: «¡Mamá! Y ahora qué le digo a mi amigo, ¡jo!».

Ana contesta: «Tienes razón, lo siento. Ahora mismo hablo con sus padres, me disculpo y les digo que el lunes le llevas el regalo».

A partir de este momento Luis tiene dos opciones:
Opción A: el hecho le genera el malestar necesario como para que sea importante señalarlo: «Ana,

si sabías que tenías lío en el trabajo, ¿por qué no lo compraste antes? Me enfada muchísimo que te despistes sobre todo con las cosas de los niños. Si te vuelve a ocurrir, me llamas y lo resolvemos».

Opción B: el hecho no es lo suficientemente importante como para discutirlo: «Bueno, Marcos, un olvido lo tiene cualquiera. Mamá lo soluciona y el lunes le llevas el regalo a tu amigo».

No siempre merece la pena discutir sobre el comportamiento que nos disgusta del otro. Tendrás que evaluar antes el malestar que te genera y si la situación permite que lo hables. Pensar «Mejor lo dejo pasar esta vez» es un derecho que debemos ejercer.

Abandonar la situación

Si has decidido discutir, con la activación emocional que ello supone (los gritos, los reproches e incluso las ridiculizaciones), el siguiente paso es buscar una solución. Esta consiste en desaparecer de la situación conflictiva por dos razones:

—Mientras no baje la activación emocional, cualquier solución partirá del enfado.

—Muy a menudo el otro busca desahogarse en vez de resolver la situación.

¿Quién se retira de los dos? El que más tranquilo esté en ese momento. Bastará decirle al otro una frase del tipo: «Me estoy enfadando mucho y prefiero retomar la conversación dentro de un rato». Eso es, te vas de la situación donde se produjo el conflicto y realizas una tarea que te distraiga (escuchar un rato la radio o música, hacer un recado, una llamada a un amigo) antes de retomar la conversación para resolver aquello que tanto te enfadó.

Retomar la conversación

Pasado un tiempo, durante el cual puedes salir de casa a dar una vuelta, meterte en la ducha o simplemente tender la ropa para que te dé el aire, habrá bajado tu activación y la del otro, de forma que empezarás a hablar en un tono más calmado y conciliador. Recuerda que se trata de expresar cómo te hace sentir el comportamiento del otro y pedirle un cambio para encontrar una solución a la situación. Aquí hay algunas pautas que facilitan conseguirlo:

— Busca un momento propicio. Puedes empezar por preguntar: «¿Tienes un rato para atenderme?». No lo hagas si el otro está preparando la comida o en el coche con los niños en el asiento trasero, o antes de salir a cenar con los amigos. Espera a encontrar ratos de cierta tranquilidad: mientras los niños duermen o ven la televisión. Puedes incluso proponer quedar a comer mientras los niños están en el colegio.

— Habla en primera persona. Empieza diciendo: pienso, siento, me gustaría, opino, creo. «Me gustaría encontrar una solución hablándolo contigo», «Siento que no he sabido explicarte las cosas», «Creo que podemos ponernos de acuerdo y buscar una solución» son algunos ejemplos de cómo hacerlo.

— Habla solo de la situación concreta que discutes: limítate a describir lo que ha ocurrido y buscar una solución. No saques a relucir los desacuerdos que existieron el primer día que tus hijos comieron papilla, ni elabores un listado de diferencias entre tu pareja y tú. Si lo haces, estarás transmitiendo al otro un mensaje tan claro como negativo: «Todo está mal, da igual cualquier esfuerzo por arreglarlo».

Introducir cambios de conducta cuando estamos acostumbrados a hacer las cosas siempre de la misma manera supone mucho esfuerzo. La recompensa no será inmediata, pero es la forma de comenzar a comunicarte con tu pareja de una manera constructiva.

ENEMIGOS DE LA COMUNICACIÓN

Antes de seguir avanzando para conseguir una comunicación constructiva en la familia, pasemos a analizar actitudes que imposibilitan conseguirlo y cómo cambiarlas.

Frente a los reproches, el poder de los cumplidos

«Lo único que recibo de mi pareja son reproches, malas caras y desplantes. Por si fuera poco con el trabajo, los niños y la casa, encima esto», dice Pedro entre lágrimas.

El día a día nos come y descargamos el agotamiento con quien tenemos más cerca. Justo cuando lo que queremos es complicidad y reconocimiento..., ¡zas!, no encontramos más que recriminaciones. Aunque parezca mentira, la respuesta del reprochado puede cambiar la actitud del que recrimina.

Es posible que, como Pedro, te identifiques con algunas de las situaciones que te describimos a continuación. Localízalas, descubre lo que tu respuesta genera en el otro y empieza a poner en marcha el cambio que te proponemos. ¡Verás que todo son ventajas!

CUANDO OCURRE...	LO MÁS PROBABLE ES QUE...	PRUEBA A HACERLO ASÍ...
La mejor defensa es el ataque, así que si mi pareja me dice: «Ya era hora de que llegaras a casa», le contesto: «Pues si quieres me voy otra vez y se acabó».	Estas respuestas provocan en el otro una contestación con un tono de voz elevado que, como si fueran peldaños de una escalera, va aumentando poco a poco.	Utilizar el humor, con una frase del tipo: «Veo que tenías ganas de verme y darme un beso», puede ser una buena manera de atajar la situación.
Todos los días, y justo cuando estoy con el baño y los pijamas, viene mi pareja y me cuenta lo que le ha ocurrido durante el día. Cuando estamos solos cenando y le pregunto, me contesta: «Da igual, nunca te interesa lo que te digo». ¿Es que no se da cuenta de lo difícil que es escuchar cuando hay rutinas que atender?	El otro no tiene claro que cada cosa tiene su momento y, si no sabe cuándo es hora de charlar, tendrás que indicárselo.	Decir las cosas con tranquilidad y dulzura: «Me es imposible atenderte ahora, lo dejamos para la cena y te cuento yo también. ¿Te parece?».

CUANDO OCURRE...	LO MÁS PROBABLE ES QUE...	PRUEBA A HACERLO ASÍ...
Pienso que ya no me quiere como antes. No entiende lo que me pasa, no se da cuenta de mi cansancio, ya no le atraigo. No me valora.	Das por hecho que el otro tiene que saber lo que piensas y sientes. Esto lleva a ideas recurrentes que nos afectan y nos hacen sentir mal.	Cuenta lo que te pasa, deja claro lo que sientes. ¡Eso sí!, en primera persona: «Hoy he tenido un día complicado en el trabajo, me gustaría que acostaras tú a los niños mientras voy preparando la cena».
Acabamos chillando porque nada más entrar por la puerta empiezan las quejas: que si el agotamiento, que si los niños tenían que estar acostados ya, que si no entiendes que no tengo tiempo para ir a la tutoría, y terminamos la bronca con el tópico de: «Lo que pasa es que tú te crees que yo me escaqueo».	Responder con más quejas a las del otro provoca dos situaciones: 1. Nos metemos en una competición en la que el que grita más y hace la queja más potente se lleva el premio. 2. Esta dinámica se convierte en el saludo de la pareja y en el desencadenante de sus discusiones.	Hacer oídos sordos a estos comentarios consigue que disminuyan. Basta con ser persistente en esta actitud.
No soporta que los niños estén despiertos cuando llega. Sin preguntar qué ha pasado, al mínimo retraso dice: «Esta casa es un caos, nuestra familia se va al garete», y si se trata de echar cosas en cara a mí no me gana nadie.	Los gritos y amenazas harán que empeore la situación.	Esperar a que el otro termine y evidenciar lo grotesco de su argumentación puede ser una respuesta eficaz. La próxima vez prueba a decirle: «¿De verdad te parece tan grave que se acuesten un poco más tarde? ¿Nuestra situación familiar depende únicamente de que los niños se acuesten a su hora?».

CUANDO OCURRE...	LO MÁS PROBABLE ES QUE...	PRUEBA A HACERLO ASÍ...
Muchas veces viene diciendo: «Estoy hasta las narices, esto no hay quien lo aguante», y le respondo: «Anda, no te pongas así y cuéntame qué te ha pasado».	¡Enhorabuena! El humor, la capacidad de frenar el conflicto, de ponerte en el lugar del otro y un tono de voz tranquilo son habilidades que puedes utilizar para evitar el conflicto.	

A lo largo del ejercicio te hemos mostrado pautas de actuación que evitan un conflicto. Si además quieres mejorar la relación con tu pareja, lee la siguiente actividad que te proponemos. Ten en cuenta que, una vez que lo pruebes, descubrirás «el poder de los cumplidos». Te lo advertimos, ¡decir cumplidos engancha!

Sorprende a tu pareja haciendo algo bien y díselo

Lo primero que disminuye en la pareja, cuando hay situaciones de estrés, es el número de alabanzas que le dedicamos al otro. Dejamos de apreciar lo que nos gusta de la persona para centrarnos en cualquier comportamiento negativo que lleve a cabo.

Es como si focalizáramos la atención en descubrir lo que hace mal y no perdiéramos ocasión de decírselo.

Encontrar complicidad y reconocimiento pasa por hacer lo contrario de lo descrito en el párrafo anterior, y esto significa que tendrás que centrarte en lo que te gusta del otro y hacérselo saber, bien con una alabanza, bien con una muestra de cariño, bien con una cena sorpresa al final del día.

Al principio te costará morderte la lengua e incluso el ejercicio que te proponemos te resultará poco espontáneo. Pero, poco después, tu pareja y tú os sorprenderéis valorando de manera más positiva vuestra relación, comprobando el efecto tan satisfactorio que tiene en el otro y lo rápido que os salen los piropos.

El ejercicio se llama «Sorprende a tu pareja haciendo algo bien y díselo». Tienes que centrarte en detectar todo aquello que te gusta de tu pareja y contárselo en voz alta. Si lo acompañas de un beso, ¡mejor que mejor!

Créenos, hay muchas más cosas de las que sospechas, y cuánto más se practica este ejercicio más gratificaciones recibes. No tienen que ser grandes cosas, céntrate en lo cotidiano. Aquí van algunos ejemplos:

☺ «Me encanta que hayas llegado un poco antes a casa».

☺ «Eres genial improvisando cenas».

☺ «Esa ropa te queda fenomenal, te favorece».

Frente a la incapacidad para decir no y la coerción, aprender a pedir y a ser asertivo

Con frecuencia solemos actuar de la misma manera ante distintas situaciones. Generamos un estilo de respuesta al que somos fieles y que nos define. Esto quiere decir que tenemos un modo de comunicarnos que marca nuestra manera de relacionarnos con los demás.

Existe un estilo de respuesta en el que predominan frases como: «Ya lo hago yo, no te preocupes» o «No te molestes». Aunque en principio pudiera parecernos de «persona generosa y buena», este perfil cansa y genera mucho conflicto, porque la persona no expresa opiniones, rehúye los enfrentamientos y suele tener un miedo atroz a las críticas. Estaríamos hablando de un estilo de comunicación pasivo.

En el extremo opuesto estaría el estilo agresivo, con contestaciones como: «Porque lo digo yo», «Vamos a hacerlo y punto» o «Este verano he decidido que vayamos de vacaciones a la playa». Aunque pudiera parecer cómodo que alguien sea capaz de dirigir las actuaciones del equipo que forma la familia, la persona que responde a este perfil acaba generando conflicto porque pone en marcha mecanismos como la amenaza o la coerción cuando las cosas no salen como quiere.

Tanto el pasivo como el agresivo verán mejorada su comunicación cuanto más se aproximen al estilo asertivo. Las parejas que optan por una comunicación asertiva en familia resuelven los conflictos de manera efectiva porque asientan la comunicación con el otro en dos objetivos:

— La honestidad y claridad en la descripción de sus necesidades.
— La escucha activa y la empatía hacia el otro.

Veamos un ejemplo de comunicación asertiva: «Entiendo que se te haya complicado la tarde con los niños mientras jugaba al pádel, tendremos que encontrar una solución si vuelve a pasar. Pero habíamos decidido que este es un tiempo que puedo dedicar a hacer lo que me gusta».

El ejemplo anterior evidencia la forma asertiva de decir NO cuando las peticiones o exigencias nos parecen injustas. Entrenarnos en asertividad es hacerlo en la habilidad para ser claros, francos y directos, diciendo lo que se quiere decir, pero teniendo en cuenta los sentimientos de los demás y minimizando el daño que esto pudiera hacerles.

¿Cómo puedes pedir cambios de manera asertiva? Vamos a intentar aclararlo con el siguiente ejemplo. Describimos los tres tipos de respuesta para una misma situación. Haz el siguiente ejercicio y decide:

1. Cuál sería la respuesta que darías tú. Esa con la que te identificas.

2. Evalúa las diferencias entre la que tú dirías y la asertiva y ¡pon en marcha la solución!

SITUACIÓN: «Llego a casa después de un duro día de trabajo y ¿cuál es mi sorpresa? Al abrir la puerta veo a los niños sin bañar, la cena sin hacer, la cocina manga por hombro y a mi pareja viendo la televisión».

RESPUESTA	CONSECUENCIAS	SOLUCIÓN
«Estoy hasta las narices. Siempre pasa lo mismo, vuelvo del trabajo y lo único que pido es que la cocina esté recogida; te da igual como esté la casa. Ni siquiera te preocupa si los niños cenan a su hora o no. No soporto más esta situación».	Una actitud agresiva tiene consecuencias tanto para la pareja como para la relación familiar, y no son precisamente positivas. Repetir constantemente lo que la pareja hace mal puede suponer un alivio momentáneo, pero agrava el problema. Cuando recibimos respuestas agresivas, nos sentimos atacados y reaccionamos defendiéndonos, ya sea con gritos, descalificaciones o faltas de respeto. Imponer con gritos y amenazas lo que quieres, hará que tu pareja se enfade o se vaya de casa para no escucharte. Pero no conseguirás que cambie de actitud. Está claro que así no encontrarás soluciones.	Para empezar a cambiar. Antes de entrar en casa párate y piensa: «Sé que es probable que las cosas no estén como quiero y voy a intentar hablar de ello con calma». En lugar de enfadarte, nada más entrar saluda a tu pareja y a tus hijos, y busca un momento de la tarde (sin hijos) donde decirle lo que te ocurre y los cambios que quieres. ¿Cómo? Aplicando el diálogo DEP (Describo, Expreso, Pido) descrito más adelante.
«Bueno, ahora me pongo a recoger. A ver si mañana llego pronto del trabajo y acabo antes».	Una actitud pasiva permite que los demás se aprovechen de ti porque saben que harás lo que te piden sin rechistar. Y lo harás, aunque sientas que se están beneficiando de tu debilidad o que no aprecian lo que vales. Si reaccionas así, callas y esperas que tu pareja averigüe lo que sientes, no va a resultar porque nadie es adivino. Si no lo cuentas, nadie lo sabrá.	Para empezar a cambiar. Párate en la puerta de casa antes de entrar, mira alrededor y déjate llevar por las emociones que te produce lo que estás viendo (enfado, cansancio, hartazgo...). Di lo que sientes y lo que te gustaría cambiar. ¿Cómo? Aplicando el diálogo DEP que se describe más adelante.

RESPUESTA	CONSECUENCIAS	SOLUCIÓN
«Cuando llego a casa y veo que la cocina aún está sin recoger y los niños sin bañar, me siento cansada y molesta. Me gustaría que la próxima vez tratases de recoger la cocina y, si todavía te queda un ratito, fueras bañando a los niños. Así cuando yo llegase podríamos hacer la cena juntos y tener un rato para nosotros. Para relajarnos y charlar».	La asertividad permite decir lo que uno piensa y actuar en consecuencia, defendiendo los propios derechos, intereses o necesidades sin agredir u ofender a nadie. No te quepa la menor duda de que te sentirás mejor contigo y con tu pareja.	La diferencia con las respuestas anteriores estriba principalmente en la forma de comunicar lo que se siente. Así comunicas de forma asertiva. El diálogo DEP sirve para llegar a acuerdos y está basado en la negociación. Utilízalo la próxima vez que te encuentres en una situación parecida si quieres resolverla de una manera ASERTIVA. 1. DESCRIBO lo que ha ocurrido. Se trata simplemente de contarlo sin exigencias, juicios de valor o acusaciones. Ejemplo: «Cuando salimos los fines de semana y al día siguiente soy yo quien se ocupa de los niños...». 2. EXPRESO en primera persona cómo me ha afectado lo que ha ocurrido. Ejemplo: «Me siento muy cansado y enfadado...». 3. PIDO en forma de sugerencia el cambio que me gustaría que se produjese. Evita utilizar exigencias, acusaciones u órdenes. Ejemplo: «Me gustaría que la próxima vez me ayudaras en algunas tareas, como darles la comida o bañarlos, así yo también podría descansar y disfrutaría más cuando salimos juntos».

Hasta aquí hemos descrito algunas características de la comunicación en la pareja cuando hay hijos y esperamos haberte dado suficientes pistas de por dónde empezar a mejorar la de tu familia. Es importante recordar que los hijos repiten lo que han visto en casa. Es difícil hacer lo que no te han enseñado. Si tus hijos ven que los conflictos cotidianos se resuelven con humor, oyen cumplidos entre sus progenitores, están presentes durante los enfados y también en las reconciliaciones y sienten que los cambios en su casa surgen del acuerdo, repetirán el mismo esquema cuando encuentren a su pareja.

III

Lo que pensamos de nuestra pareja

A continuación definiremos tres conceptos que están directamente relacionados con el índice de satisfacción con la pareja. Todos tienen que ver con la manera en que interpretamos lo que nos ocurre y el comportamiento de nuestra pareja, así como con nuestra percepción de nosotros mismos:

— Expectativas
— Creencias
— Atribuciones

Puedo tener la expectativa de que formaré una familia feliz, creer que podré solventar las dificultades y atribuirnos a mi pareja y a mí la capacidad de superarlas. Por el contrario, puedo tener la expectativa de que mi pareja siempre me querrá sin que tenga que esforzarme, creer que tiene que saber lo que me ocurre sin necesidad de que se lo explique y atribuir mi insatisfacción de pareja a que no es capaz de cambiar.

Quien tenga la expectativa de que los besos de su pareja tienen que seguir provocándole los mismos escalofríos siete años después se está engañando. Si además atribuye a esa sensación ideas del tipo: «No existe pasión entre nosotros», «Esto se ha acabado», «Si sus caricias no me ponen la carne de gallina lo nuestro ya no vale nada», está condenando su relación a unas expectativas imposibles de cumplir y, lo que es peor, la frustración que generan estas creencias le impedirá disfrutar y sorprenderse con las satisfacciones que la vida en familia proporciona a la pareja.

En este capítulo hablaremos de cómo ir acomodando lo que teníamos pensado que iba a ser nuestra pareja a la realidad y lo que podemos hacer para disfrutarla en cada etapa.

MARIPOSAS EN EL ESTÓMAGO

En la etapa de «mariposas en el estómago» en una pareja todo son novedades y hay pocos conflictos.

Seguramente porque el número de decisiones no va más allá de «¿Qué película vemos hoy?», «¿Cine o teatro?», «¿Restaurante italiano o japonés?». El tiempo juntos se dedica a mostrar lo más agradable de uno mismo para conquistar al otro. Este periodo se caracteriza por una idealización de la otra persona, nos fijamos más en las cosas que nos atraen y pasamos por alto sus defectos.

Cuando la relación avanza y comienza la convivencia, el tiempo en común aumenta y ya no solo hay que gestionar el de ocio.

Llegan las decisiones y, con ellas, los conflictos

En la evolución de una pareja llega el momento de tomar decisiones de mayor calado, de solucionar problemas juntos. Es en ese momento cuando salen a relucir las diferencias en la filosofía de vida.

Es prácticamente imposible que dos personas vean las cosas de la misma manera, que, con diferentes experiencias, tengan la misma actitud vital. Esta diferencia se convierte en un verdadero problema cuando mantienes de forma rígida que tu visión es la única válida y verdadera. Frases como: «Las cosas tienen que ser así», «No hay otra forma de hacerlo», «Es terrible que las cosas no salgan como quiero» o «Debería ser como te digo yo» interfieren negativamente en la resolución de los conflictos y bloquean la búsqueda de soluciones. En resumen, aplícate eso de que «las cosas que te ocurren no son terribles; es lo que piensas de ellas lo que las convierte en horrorosas».

Cuando la relación de pareja avanza y la convivencia se ajusta, muchas deciden tener un hijo. Además de la alegría lógica, surgen nuevas discusiones que tienen que ver con la incertidumbre y la angustia que genera una decisión de tanto calado.

Suele haber entonces una inquietud recurrente: ¿y si entendemos de manera distinta lo que significa educar? Tranquilo, es de esperar, además de un indicador de que los dos os interesáis activamente por la educación de vuestro hijo. Tenéis enfoques diferentes de la idea de ser padres puesto que procedéis de familias donde han resuelto las dificultades de distinta manera. Además, la gente no parará de daros consejos e indicaciones de cómo criar o educar a vuestros hijos. ¡Es para volverse loco!

Incertidumbre, nervios, consejos y experiencias distintas consiguen que te posiciones respecto a tu pareja en opiniones o criterios diferentes y a veces de manera inflexible. Se evidencian las creencias que cada uno trae de lo que tiene que ser la familia y la educación de los hijos.

En el siguiente ejemplo te describimos lo que suele ocurrir en esta etapa:

Andrés y Olivia han decidido ser padres después de seis años de relación. Hasta ese momento no tenían grandes discusiones, todo había fluido sin conflictos importantes y no perdían oportunidad de hacer planes con amigos, solos, en familia... Recibieron con gran alegría la noticia de su futura paternidad. Dedicaron los meses de embarazo a preparar las cosas del bebé, hablaron de cómo iban a decorar la habitación, de qué muebles comprar, de qué nombre le pondrían... Esa era la parte fácil, pero nadie les avisó de que lo difícil vendría después. Escuchaban a los conocidos que les alentaban a disfrutar del momento y a no tener prisa por que naciera el bebé: «Ya veréis, no tengáis prisa por que salga, que luego no hay marcha atrás», «Aprovechad ahora, que luego...».

Con su hijo Dani en casa llegó la alegría pero también el cambio de su vida cotidiana. Las noches en vela eran habituales, y el cansancio fue haciendo mella en Andrés y Olivia. Las tareas de la casa, el trabajo, las nuevas responsabilidades y aprender juntos a convertirse en padres.

Las diferentes maneras de entender lo que pasaba aumentaron la desesperación de ambos. Los enfados y las discusiones eran frecuentes. A medida que Dani fue creciendo, pasaron del «quién se levanta por la noche» a solucionar las rabietas cada uno de manera muy distinta. Tan diferentes eran sus puntos de vista que con uno se comía con televisión y con el otro no. Uno lo cogía en brazos para dormirlo, mientras que el otro lo dejaba en su cuna. «No reconozco a mi pareja. Cuando se trata de educar, es un extraño para mí», decía Olivia. «Imposible convencerla de lo que es bueno para Dani; no quiere ni oír mi criterio», decía Andrés.

Todas estas discusiones cotidianas minaban los ánimos de la pareja, que cada vez disfrutaba de menos momentos positivos, puesto que dedicaban la mayor parte del tiempo a echarse en cara su forma de comportarse con el niño. Dani se daba cuenta de que con papá se podía hacer una cosa y con mamá, otra. Cada uno hacía lo que estimaba más oportuno. Y Olivia y Andrés discutían sus criterios en presencia de Dani sin dar su brazo a torcer y sin tener en cuenta que la propia discusión estaba desestabilizando a su hijo:

LAS DISCUSIONES ENTRE LOS PADRES DESESTABILIZAN A LOS HIJOS

Tal y como apoyan estas investigaciones:

—Los conflictos de pareja relativos a los hijos predicen la conducta agresiva del niño en el hogar, pero no los conflictos por cuestiones sociales o laborales (Cummings *et al.,* 2004).

—Un aspecto de la relación especialmente importante como factor predictivo de los problemas de conducta en el niño es la discordia por las prácticas de crianza (Davies y Cummings, 1994).

—Las discusiones en torno a la crianza de los hijos son percibidas de manera evidente por los niños ya que es probable que se produzcan delante de ellos (O'Leary y Didair, 2005).

—Se ha encontrado una relación significativa entre los conflictos por la crianza de los padres y el aumento de los problemas de conducta de los niños y adolescentes (Cummings, 2004, y Lee, 2005). De manera que los desacuerdos entre los padres sobre las prácticas de crianza es la variable que mejor predice el comportamiento agresivo de los niños (Dadds y Powell, 1991).

Los niños aprenden a relacionarse observando las interacciones entre sus padres; cuando estas se vuelven hostiles, se transmite a los hijos un modelo de resolución de conflictos inadecuado. Y aunque, como hemos comentado, las discrepancias sobre cuestiones educativas son inevitables, es importante que no se produzcan en presencia de los hijos. Si esto ocurriese, tu pareja y tú tenéis que reaccionar enseguida, dejando claro al niño que él no tiene ninguna culpa. Así se potencia su capacidad para resolver dificultades y para manejar enfrentamientos. Por ejemplo, con frases como: «No es culpa tuya que hayamos discutido, es que tenemos diferentes puntos de vista. Vamos a hablarlo nosotros tranquilamente y luego te contamos cómo lo vamos a resolver».

Si el niño piensa que es responsable del conflicto se sentirá avergonzado, triste y colérico (Grych y Fincham, 1993). Ser testigo de cómo los padres resuelven el conflicto disminuirá su sentimiento de culpa. Así que, apunta: si discutes, reconcíliate delante de tus hijos.

LAS EXPECTATIVAS

Las expectativas son la predicción de lo que ocurrirá en un acontecimiento futuro sobre la base de experiencias anteriores, pero siempre con incertidumbre. «Olivia tiene la expectativa de que Andrés no será capaz de ser firme con Dani, puesto que le pone la tele para comer y lo duerme en brazos».

Aprovecharemos el ejemplo de Olivia y Andrés para describir lo que son y cómo modificarlas.

Expectativas realistas sobre la familia

Antes de ponerse manos a la obra, Andrés y Olivia escucharon, reflexionaron y se convencieron de que:

— Los hijos convierten a las parejas en padres de por vida. Siempre serán padres de Dani, por tanto tenían que solucionar todos los obstáculos que se fuesen encontrando. La forma en que habían elegido hacer frente a sus diferentes puntos de vista no era eficaz, de modo que tenían que aprender una distinta.

— Tu pareja no es tu contrincante. Estáis juntos en esto. Para cambiar de opinión y punto de vista, uno necesita tener razones de peso que justifiquen el cambio. Si para uno es normal cenar con la televisión puesta, ya que en su casa siempre lo ha hecho, ¿por qué no lo va a hacer tu hijo? Y si además se lo come todo y más rápido, para qué cambiar las cosas. El partidario de comer sin televisión tendrá que argumentar los motivos que le llevan a discrepar y ambos tendrán que decidir cómo actuar.

—Negociar, negociar y negociar. Qué es lo realmente importante, dónde estoy dispuesto a ceder y dónde no para conseguir un objetivo común. No se trata de una lucha de poder, todos tenemos nuestro punto de vista. No hay ninguna opción mejor que otra. En una pareja, la más eficaz es la que consigue que ambos os pongáis de acuerdo para ponerla en marcha. Hay algunas opciones que son más lógicas o eficaces. Hay que estar preparado para cambiar de actuación si la nuestra no resuelve el problema.

Expectativas más realistas y flexibles. Ese fue el primer paso para que Andrés y Olivia aprendieran a resolver las situaciones cotidianas de su nueva vida.

Coordinarse para decidir

Además de ajustar sus expectativas, Andrés y Olivia tenían que aprender a coordinar criterios. Esa es una de las primeras tareas que la pareja con hijos tendrá que ejercitar. Nunca es tarde, así que tengas hijos pequeños, adolescentes o jóvenes, prueba a evaluar qué tal lo hacéis tu pareja y tú.

Para ello lo primero es saber qué pasa. Si rellenas todos los ítems de este cuestionario marcando la opción que mejor describe tu situación, obtendrás pautas de actuación para mejorar la coordinación con tu pareja.

	SÍ	A VECES	NO
Cuando uno de los dos ponemos una norma al niño, el otro suele contradecirla.			
Creo que mi/s hijo/s hace/n lo que quiere/n cuando está/n con mi pareja.			
No dedico tiempo a hablar con mi pareja sobre temas relacionados con la educación de mi/s hijo/s.			
La idea de educar que tiene mi pareja dista bastante de la mía.			
No solemos respetar los castigos que impone el otro.			
Mi pareja dice que mi/s hijo/s hace/n lo que quiere/n cuando está/n conmigo.			
Suelo discutir con mi pareja, delante del/los niño/s, las consecuencias que se derivan de su/s comportamiento/s.			

	SÍ	A VECES	NO
Es frecuente que las discusiones en casa terminen en gritos.			
Estamos poco de acuerdo en cuanto a la educación del/los niño/s.			
Mi pareja y yo solemos contradecirnos a la hora de poner un castigo/premio.			
Claramente uno de los dos es más permisivo que el otro.			
Creo que no es necesario estar de acuerdo con mi pareja, el/los niño/s sabe/n las normas de uno y de otro.			
No nos ponemos de acuerdo en cuáles son las normas básicas de casa.			
El que empieza a solucionar un conflicto con el/los niño/s, por muy enfadado que esté, termina de resolverlo.			
El/los niño/s sabe/n perfectamente que con uno de los dos puede hacer cosas o tener ciertos privilegios que en presencia del otro son impensables.			

Suma las puntuaciones siguiendo el criterio que te describimos y busca las recomendaciones en el Anexo (páginas 205-208):

—Sí: 2 puntos.

—A veces: 1 punto.

—No: 0 puntos.

Expectativas erróneas que dificultan
la convivencia

Algunas veces las expectativas erróneas generan presión y distancia en la pareja. Es conveniente que identifiques y abandones ideas como:

- «Espero que mi pareja esté de acuerdo conmigo en todo».
- «Tenemos que pensar siempre igual».
- «Debería saber qué es lo que me hace sentir bien sin que tenga que decírselo».
- «Tenemos que compartir todo».
- «Como nos queremos, no tenemos que esforzarnos en agradarnos, todo sale de manera natural».
- «Tengo que pensar más en el otro que en mí mismo».
- «Si algo no me gusta, es mejor no decir nada, ya que eso romperá la armonía».
- «Nunca deberíamos discutir, nunca».

Este tipo de planteamientos parten de una idealización romántica del amor y de la convivencia. Si uno basa su relación en estas expectativas, se sentirá continuamente incomprendido, poco querido y desilusionado. Para descubrir y discutir tus expectativas, y las ideas erróneas que generan, te ponemos algunos ejemplos:

— «Es que no se ha adaptado a su nueva vida de padre». Pregúntate: ¿en qué te basas para creer eso? Quizá necesitáis tiempos diferentes, ¿no? ¿Puede ser que tú acapares todas las facetas educativas y no le dejes participar? Y si fuese cierto, ¿cómo crees que podrías ayudar para que se adaptase?

— «No quiero que mi pareja sea igual que mi padre/madre fue conmigo». ¿Por qué crees que tu pareja es igual a tu padre/madre?, ¿realmente es así?, ¿quizá es parecida solo en algún detalle?, ¿qué diferencia a tu pareja de tu padre/madre? Y si hay algo similar, ¿qué podrías hacer para cambiarlo?

— «Quiero que mi pareja piense/actúe igual que yo». ¿Por qué quieres que esto sea así? ¿No te gustan los puntos de vista diferentes del tuyo?, ¿solo el tuyo es válido?, ¿acaso tú siempre has pensado/actuado igual que tu pareja?

— «Es que siempre lo hace todo mal». ¿Qué cosas hace mal?, ¿siempre?, ¿cómo son las cosas mal hechas? ¿Realmente tu pareja hace mal o solo diferente a como a ti te gustaría?,

¿le has contado cómo te gustaría que se hiciesen las cosas?, ¿le has preguntado cómo le gustaría que se llevaran a cabo?, ¿lo habéis negociado?, ¿habéis llegado a acuerdos?, ¿tenéis un plan?, ¿lo ponéis en marcha?, ¿funciona?, ¿por qué?, ¿es soportable que tu pareja haga las cosas de manera diferente?

— «Para mí no son relevantes cosas a las que él/ella da demasiada importancia». ¿Por qué para tu pareja es tan importante?, ¿le has preguntado sus motivos? ¿Tu pareja conoce las cosas que son fundamentales para ti?, ¿se las has contado?, ¿y los porqués? ¿Puedes ceder y respetar el valor que le da a algunas cosas? ¿Has pensado que hay cosas que quizá tu pareja considera importantes solo por el hecho de que lo son para ti?

— «Si tenemos un/otro hijo, nuestra relación mejorará». ¿No crees que un hijo es una gran responsabilidad?, ¿un cambio estresante en la vida de pareja y en la familiar? ¿Crees de verdad que otro hijo te unirá más a tu pareja?, ¿no hay más motivos que este para aumentar la familia?

— «¿Por qué siempre tengo que ceder yo en todo?». ¿De verdad cedes siempre?, ¿en qué has cedido hasta ahora?, ¿por qué has cedido? Y tu pareja, ¿no ha cedido en nada? Piensa en qué cosas ha cedido y en cuáles no. ¿Te has parado a hablar con tu pareja sobre esto?, ¿qué dice?

— «Te ataco como padre porque no resolvemos los problemas como pareja». ¿Qué dificultades tienes con tu pareja?, ¿habéis probado alguna fórmula para solventarlas? ¿Crees que la mejor manera de resolverlo es cuestionando su papel como padre? ¿Crees que haciéndole daño va a reaccionar?, ¿no hay otra manera?

— «Es como su padre, que con un grito lo soluciona todo». ¿Seguro que no lo ha resuelto nunca de otra manera?, ¿le has propuesto otras opciones? Si realmente se parece tanto a su padre, ¿podrías soportarlo?, ¿le has comentado qué cambios querrías hacer y cómo?

Es importante huir de las generalizaciones negativas. Resulta más productivo convertirlas en cuestiones concretas. Para empezar, sustituye todas las que empiecen por «Nunca/siempre haces bien/mal» por «A veces/en algunas ocasiones haces...».

Lo que espero de mi pareja

La mayoría de los conflictos en una pareja son fruto de discusiones por temas cotidianos: el reparto de las tareas, la educación de los niños, la falta de comunicación. O eso nos parece, porque en el fondo subyace la idea rígida y recurrente de que el otro no se ajusta a lo que esperamos de él.

A continuación hablamos de las expectativas que tenemos de nuestra pareja y te describimos sus características para que descubras cuáles son las tuyas:

— Las expectativas que cada uno tiene del otro son aprendidas, culturales en muchos casos, y tienden a ser estables.

— Las expectativas son clave para el buen funcionamiento de la relación. Podemos sentirnos satisfechos o desilusionados con nuestra relación dependiendo del grado de coincidencia entre lo que ocurre y lo que creemos que debería ocurrir.

— Cada nueva etapa en pareja exige una nueva puesta en común de las expectativas. Por ejemplo, en el momento de consolidación de una pareja se tendrán que tratar temas relativos a la convivencia, mientras que cuando se tienen hijos la mayoría de las expectativas giran alrededor del trato que creemos que hay que darles, del cuidado, de su educación...

—No saber lo que se espera de nosotros en una relación genera frustración y enfado.

—Cuando hay discrepancia entre lo que queremos que sea la relación y lo que realmente es, surgen los conflictos. Comentar lo que esperamos el uno del otro es la mejor forma de prevenir desavenencias con la pareja. Es fundamental, por tanto, ajustar nuestras expectativas sobre la pareja.

MI PAREJA ME ENCANTA. PERO ¿Y EL PADRE DE MIS HIJOS?

Por mucho que hayamos hablado antes de tener hijos, de lo que haríamos en diferentes situaciones, de cómo educaríamos a los niños, de si les vamos a acostar a una hora, de si no les vamos a comprar un móvil hasta los 12 años o de si los videojuegos podrán usarlos un tiempo concreto, a la hora de la verdad las cosas no están tan claras.

Podemos conocer mucho a nuestra pareja, pero no al padre/madre de nuestro hijo. Roberto es diligente en el trabajo, aficionado a los deportes de riesgo, valiente cuando hay que tomar decisiones difíciles.

Todas esas características y algunas más enamoraron a Natalia, que cuenta: «Desde que es padre, no le conozco. No quiere que la niña se suba al tobogán por si se cae; se pasa el día abrigándola; en cuanto la niña abre la boca y antes de que llore, ya está dándole lo que ha pedido. No lo entiendo, no parece el mismo, nunca pensé que el padre de mis hijos sería tan protector».

Si este tipo de afirmaciones se repiten a menudo pueden desembocar en pensamientos tan drásticos como «Mi pareja no me gusta como padre/madre», y estos nos llevan a actuar de una determinada manera. Uno reproduce los comportamientos que ha aprendido. Cuando educamos, tendemos a repetir el estilo de nuestros padres. La ventaja de tener cerca a alguien que no lo hace igual que tú es que te puede servir de modelo. Eso sí, hay que estar dispuesto a cambiar, lo que implica negociar con la pareja el modo de hacerlo.

Siguiendo con el ejemplo anterior, Natalia le hace la siguiente propuesta a Roberto: «Hoy dejaremos que la niña se suba al tobogán, te acercarás y solo la ayudarás si te lo pide, ¿te parece bien?». Roberto es capaz de hacerlo en la medida que le dicen cómo. Dos días después, Natalia le propone: «La niña sube al tobogán sin problemas, así que te quedarás conmigo en el banco del parque mirando cómo lo hace sola». Roberto se sienta, nervioso, pero se limita a mirar cómo su hija se tira por el tobogán y a saludarla con la mano. Se le escapa un «¡Mira qué valiente es mi niña!».

Natalia tiene la sensación de que le puede pedir cambios a Roberto y él agradece que su mujer le enseñe a hacer algo que nunca le explicaron.

En resumen, etiquetar a la pareja fomenta la repetición de conductas que no nos gustan. Pedir cambios y hacerlos juntos nos libera de patrones rígidos de comportamiento.

¿Lo hablamos?

Te decíamos en puntos anteriores que hay que identificar tus expectativas para ponerlas en común con tu pareja y así ajustar las de ambos. Es posible que llegados a este punto te asalten ideas cómo: «Eso ya lo debería saber» o «Me conoce muy bien». Ignóralos y siéntate con tu pareja a hablar. No te dejes llevar por pensamientos erróneos del tipo:

— «No hace falta hablarlo. Como estamos bien, seguro que se resuelve solo».

— «¿Y si no pensamos igual? Mejor no digo nada, así no hay problema. Sé que a mi pareja no le va a parecer bien y vamos a terminar discutiendo».

— «Seguro que al final no le afecta tanto, hago dos bromas y se le pasa rápido».

Busca un momento en el que los niños no estén presentes y estéis calmados y empezad a contaros lo que esperáis el uno del otro en el asunto que sea motivo de conflicto. Es recomendable hacer peticiones concretas con el fin de poder poner en práctica las soluciones. Por ejemplo, en lugar de: «A ti te da lo mismo si el niño llega tarde o no. Yo quiero que seas más firme con el niño», puedes decirle: «Me gustaría que acordásemos la hora de llegada a casa de nuestro hijo, así como qué va a pasar si llega más tarde».

Y ahora, con unas expectativas en común, ajustadas y sobre todo realistas, toca aprender a poner freno a esos pensamientos que nos encienden en las situaciones de fricción.

CREENCIAS

Las creencias constituyen una idea subjetiva que se asume como verdadera.

Dime lo que piensas y te diré cómo actúas

Las personas respondemos según la interpretación que hacemos de las diferentes situaciones, y en la pareja pasa igual. En ocasiones nos asaltan pensamientos irracionales o ilógicos sobre un acontecimiento que provocan un intenso malestar, ya que pensamos en lo ocurrido de manera exagerada y negativa. Estos pensamientos dictan entonces nuestro comportamiento y pueden provocar la chispa que desencadene una discusión.

A continuación hacemos un recorrido por las principales creencias erróneas. Presta atención e intenta localizar con cuál de ellas te identificas. Te proponemos que reflexiones sobre la veracidad de cada idea:

—Generalizar el problema. Es decir, exagerarlo. En las discusiones buscas hechos que justifiquen ese pensamiento exagerado. Por ejemplo: «Nunca te preocupas de si el niño tiene deberes para el día siguiente». A este tipo de afirmaciones le siguen: «Si no fuera por mí, este niño nunca llevaría los deberes hechos», «Siempre lo hago yo todo», «Si yo no me encargara, esta casa no funcionaría». Lo esperable es que estos pensamientos vayan seguidos de una sensación de intenso malestar. Para reconocerlos, presta atención a todos los pensamientos que se inician con un «todo o nada» o un «nunca o siempre» y sustitúyelos por «Me gustaría que te ocuparas de las cenas, así yo podría hacer los deberes con el niño» o «Si al llegar a casa preguntaras a tu hijo por los deberes que trae, sentiría que le das la importancia que tienen». Si tiendes a exagerar, te proponemos que analices con tranquilidad cuánto hay de cierto en estas afirmaciones absolutistas. ¿Realmente no se ocupa nunca de los deberes? Si tú no estuvieses en casa, ¿no haría los deberes? ¿De verdad crees que le dejaría ir al colegio sin haber hecho las tareas? Si tú no te hicieras cargo, ¿no se preocuparía de ver la agenda para ver cuándo es el examen? Luego buscamos una manera más racional de definir la situación. Por ejemplo: «Yo me ocupo del 90 por ciento de los deberes del niño, pero cuando llegues pronto de trabajar y los fines de semana, lo haces tú».

—Magnificar lo negativo. Si eres de los que solo le da importancia a lo que no le gusta de su pareja y lo bueno lo pasa por alto, recapacita. Todos tenemos cosas positivas y negativas. Esta deformación en la manera de pensar te lleva a recrearte en lo negativo. Veamos un ejemplo. Llegas a casa y... «Pero ¿esto qué es? La cocina manga por hombro y la cena no está lista. ¡Si son casi las nueve de la noche!». Y no te has fijado en que los niños están bañados, uno pintando y el otro tratando de terminar la montaña de deberes que tiene que entregar al día siguiente.

Antes de saltar, analiza la situación y no saques conclusiones precipitadas. Pregúntate: ¿por qué no estará hecha la cena? ¿Qué habrá pasado para que no haya podido recoger la cocina? Y si no encuentras respuestas, antes de recurrir al enfado pregunta a tu pareja. Aunque tengas que hacer un gran esfuerzo tras un agotador día de trabajo, prueba a empezar diciendo: «Hola, ¿cómo ha ido la tarde?», y escucha las razones de por qué todavía no han cenado.

—Percibir solo los fracasos, errores o imperfecciones del otro. Este error sería una mezcla de los dos anteriores y lleva a concluir que tu pareja «lo hace todo mal». Se trata de una generalización negativa, absoluta y radical que no permite ver más allá de los fracasos. La consecuencia es una imagen negativa de la pareja y mucha insatisfacción en tu vida en común.

Si quieres cambiar la óptica, un buen ejercicio es hacer una lista de todo lo que te gusta de tu pareja. Piensa en aquellas cosas que te hacen sentir bien. Quizá al principio te cueste un poco, pero dedícale un tiempo, acuérdate de lo que te enamoró de ella y la lista irá creciendo mucho más de lo que piensas. Después te remitimos al ejercicio «Sorprende a tu pareja haciendo algo bien y díselo» de la página 47. Ponlo en práctica y ¡disfruta!

—Valorar las actuaciones de manera dicotómica o rígida. Si te cuesta ver los grises que hay entre el negro y el blanco, te identificarás con comentarios del tipo: «O es un padre perfecto o no me interesa», «O me encargo yo de la tarea del niño a mi manera o te encargas tú a la tuya», «La única manera valida es la mía».

¿Qué te parece esta propuesta: «Como se te da bien organizar el ocio, ¿qué te parece si te ocupas de organizar el fin de semana y yo llevo a los niños al colegio entre semana»?

—Adivinar en vez de preguntar. Sabes con certeza lo que va a ocurrir y normalmente será negativo: «Total, para qué me voy a esforzar si esto no va a funcionar», «Seguro que no me hace caso», «No le va a apetecer hacer un plan conmigo, preferirá irse con sus amigos».

Si eres de los que tienden a adivinar, deja la bola mágica y no te dediques a la futurología. Enfréntate a la realidad. Pregunta y plantéate: ¿qué datos tengo de que esto es lo que va a ocurrir? ¿Podría pasar lo contrario? Porque un día dijo que no, ¿siempre va a hacerlo? ¿Tanto me cuesta preguntar en lugar de darlo por hecho?

Todas estas ideas interpretan una dificultad, una situación o el comportamiento de la pareja con un alto grado de insatisfacción y de exigencia. Cambiarlas hace más realista la percepción que uno tiene de las cosas o del problema, ayuda a reevaluar la situación generando una alternativa o ajustando la expectativa a la realidad.

ATRIBUCIONES

Llamamos atribución a una interpretación o explicación que se hace acerca de las causas, motivos y razones de algún suceso (incluyendo creencias, actitudes y comportamientos).

A qué atribuyo lo que hace mi pareja

Ahora que conoces las repercusiones de lo que piensas, analizaremos por qué crees que el otro hace lo que hace. Es decir, la intención que atribuyes a las actuaciones de tu pareja.

No es lo mismo pensar: «Se le pasó», «Se le olvidó lo que habíamos hablado», «Le cuesta mantenerse firme», que creer: «Seguro que lo hace para jorobarme». Le atribuyes una intención al comportamiento del otro en una situación y determinas tu reacción posterior. Si crees que lo ha hecho para desautorizarte o fastidiarte, el enfado será mayúsculo.

Las parejas en conflicto suelen hacer atribuciones del otro demasiado estables, rígidas, generales e internas, como por ejemplo: «Es un desastre». De este modo corren el peligro de caer en la sensación de indefensión, es decir, de creer que no pueden hacer nada por solucionarlo, puesto que no depende de uno. Es fácil que encontremos manifestaciones de este tipo:

—Atribuir todas las dificultades a la forma de ser del otro. Consideras que el otro tiene que cambiar para que se resuelva el problema. Por ejemplo: «Mientras siga siendo un blando, aquí cada uno hará lo que le dé la gana».

—Verlo todo bien sin evaluar las dificultades ni plantear cambios: «Bueno, es un niño, eso lo hacen todos», «Es que tú eres un exagerado», «Ya comerá, dormirá, recogerá, estudiará».

Poli bueno, poli malo

Atribuir al otro la incapacidad para realizar algo te lleva a la conclusión de que solo tú eres capaz de resolver las dificultades cotidianas. Cuando tienes hijos, una de las situaciones que con frecuencia generan fricción en la pareja es impedir que el otro solucione, respetando su estilo personal, sin querer imponer nuestro criterio, aceptando que no hay una única solución válida.

En el siguiente cuadro encontrarás definidas algunas situaciones y las atribuciones que implican.

Elige aquellas que sean representativas de lo que ocurre en tu casa y descubrirás las consecuencias que tiene tu actuación en el niño. Por supuesto, no nos olvidamos de contarte cómo empezar a hacerlo de otra manera.

SITUACIÓN/ ATRIBUCIÓN	MANTIENE EL CONFLICTO	RESUELVE EL CONFLICTO
Estoy en desacuerdo con su actuación. «Le toman por el pito del sereno».	Entro como un elefante en una cacharrería y soluciono para evitar que le tomen el pelo a mi pareja. El niño aprende a quién pedir las cosas para conseguirlas.	Dejo que termine la intervención y, si es necesario, me retiro. Cuando no están los niños delante, le cuento que no estoy de acuerdo y pensamos cómo actuar la próxima vez. El niño entiende que no se puede zafar de las consecuencias de su comportamiento, se acabó el «uno es condescendiente y el otro, un hueso».
Ha perdido los estribos. «Es un niño más».	Le reprocho su falta de paciencia y le exijo que se vaya y me deje a mí solucionar la situación. «Anda, lárgate de aquí que ya resuelvo yo, eres como un niño más». El niño aprende a sacar de quicio a sus padres para zafarse de las consecuencias.	Turnarse es la solución. Estableced un gesto, como tocarse en el brazo, o una frase: «Sigo yo». El otro, al escucharla, se retira para tranquilizarse y el niño entiende que la forma de hacerlo puede ser distinta, pero que sus padres esperan lo mismo de él.

SITUACIÓN/ ATRIBUCIÓN	MANTIENE EL CONFLICTO	RESUELVE EL CONFLICTO
Da permiso sobre algo que no hemos hablado: «Decide todo sin consultar».	Estás en el sofá de casa y de repente: «¿Me puedo quedar a dormir en casa de Alex?». Respondes: «De eso nada», pero tu pareja salta con un «¿Por qué no?, puedo acercarle yo y le recogemos mañana». Insistes: «Pero, bueno, te estoy diciendo que no, que no tiene edad», y él te replica: «Que ya ha crecido ¡y no te enteras!». Acabas con un «¡Haz lo que te dé la gana! Total, mi opinión nunca cuenta». El niño aprende a utilizar la sorpresa y la discusión que genera una decisión precipitada para sacar beneficios.	Antes de tomar una decisión unilateral le dirás a tu hijo: «Lo hablo con tu padre y te lo contamos». Entre los dos y sin el niño delante, decidiréis qué hacer y luego se lo comentaréis. El niño entiende que entre sus padres hay unanimidad de criterio, se acabó el «uno me deja y otro no».
Entre el baño y la cena descubres que tu hijo no ha ordenado su cuarto y lo recoges tú. «Nunca haces...».	Le dices a tu hijo: «Vete con tu madre a ver si se ocupa de ti un rato, que yo ¡ya no puedo más!». El niño aprende a alargar eternamente las rutinas para evitar cumplirlas.	Deberes, baño, cena y recoger. A veces es bueno intercambiar tareas. El niño entiende que las rutinas en casa son inamovibles, se acabó «con uno hago y con el otro no».

SITUACIÓN/ ATRIBUCIÓN	MANTIENE EL CONFLICTO	RESUELVE EL CONFLICTO
Si el niño no obedece, ¿utilizas a tu pareja como máxima autoridad?	«Cuando llegue papá te vas a enterar» es la mejor frase para convertir al otro en el perfecto sargento. El niño aprende a atender las normas si las dice uno y a saltárselas cuando es el otro quien lo pide.	Durante un tiempo, el permisivo tendrá que ocuparse de que las normas de casa se cumplan, mientras el «ogro» dedicará mucho más tiempo al juego y actividades más lúdicas. El niño entiende que ya no hay poli bueno, poli malo en casa, sino estilos distintos de hacer cumplir las normas.

La nueva forma de actuar que te presentamos permite introducir cambios muy positivos. Los comportamientos nuevos entran en conflicto con las atribuciones que hacías a tu pareja y, como consecuencia, terminarás cambiando lo que esperas de ella. No te sorprendas si te descubres pensando: «Ha conseguido que nuestro hijo ordene su cuarto», «Cuenta conmigo para decidir qué hacer, me pregunta», «Puedo dar una orden en casa y me atienden». Recuerda que tu comportamiento depende de lo que piensas sobre las situaciones y no al revés.

La satisfacción en la pareja está relacionada con la atribución que se da a los acontecimientos. Las personas satisfechas atribuyen lo positivo de su pareja a causas internas, estables y globales («Es muy detallista», «Qué romántico», «Qué paciente con las tareas del niño») y lo negativo a causas externas, inestables e incontrolables («Tuvo un mal día», «Su jefe lo está agobiando», «Su familia está muy encima»).

Expectativas, creencias y atribuciones forman nuestra visión de nuestro compañero. Las circunstancias, los cambios personales y los del otro hacen necesario reajustarlas continuamente para aumentar el grado satisfacción en la pareja.

IV

El tiempo

De repente, la persona que duerme contigo se convierte en un compañero de piso. Tu vida social no es la de antes, los planes son en familia y echas de menos salir solos los dos. Sigue llamándose igual, tiene la misma cara, pero está absorto en su nueva tarea de ser padre/madre. Te das cuenta porque amigos, familia, etcétera, se pasan el día recordándote que te has convertido en madre/padre. Tu nuevo título te parece maravilloso, entiendes que hay que redistribuir el tiempo, pero no quieres perder tu relación de pareja. El gran enemigo para conseguirlo es el cansancio, que te lleva a decirle: «Ya recuperaremos nuestra vida de dos cuando crezcan, cuando no tengamos que estar pendientes. Ya volveremos a viajar solos, a ir al cine e incluso a tener relaciones sexuales...». Pero tu relación necesita que la cuides desde ya. No son pocas las parejas que, una vez que los hijos crecen, se sientan y no tienen de qué hablar. O se encuentran sin proyectos comunes. O descubren que además del cuidado de los hijos no tienen nada que les una.

El tiempo será una de las primeras cosas que habrá que redistribuir. Cuánto y con quién, tendrás que decidirlo tú. En principio, habría que tener en cuenta las siguientes áreas y distribuir el tanto por ciento en función de lo que consideres necesario. Recuerda que el criterio es subjetivo:

🕐 Tiempo en familia.

🕐 Tiempo en pareja.

🕐 Tiempo con amigos.

🕐 Tiempo personal.

Es imposible decidir por ti cuánto debes dedicar a cada apartado. Cada uno nos sentimos satisfechos con distribuciones distintas. Eso sí, han de estar representadas todas las áreas. Hay quien dedica un 40 por ciento de su tiempo a sus aficiones mientras que otros solo necesitan un 10. Otros prefieren dedicar un 30 por ciento al tiempo con los amigos y solo un 10 a ellos mismos. La idea es encontrar cada uno la distribución que más le satisfaga.

Además del tiempo que ocupan las rutinas diarias, hay que pensar en actividades de ocio. No se trata de embarcarse en fabulosos planes cada fin de semana, sino de pasar tiempo con los que forman parte del proyecto común que es la familia.

Disfrutar en familia es difícil en la medida en que la convivencia es una de las mayores fuentes de estrés. Salir de excursión y estar de buen humor es difícil si en el coche tus hijos han ido peleándose y has tenido que pararte para poner orden. Si durante las vacaciones que con tanto mimo has preparado no paras de oír «me aburro», es probable que acabes gritando mucho más de lo que tenías pensado, y si decides montar un gran desayuno de domingo en familia y lo primero que ocurre es que se derrama la leche porque tus hijos no paran de hacer el tonto, acabará más en guerra campal que en el momento agradable que habías planeado. Aun así, hay que buscar tiempo para estar juntos. La pareja que proyecta y lleva a cabo planes en común aumenta su grado de satisfacción, como demuestra el ejemplo que te ponemos a continuación.

Fede y Alba se organizan para pasar cada uno por separado las tardes de los fines de semana con los niños. De esta forma, cuando uno se ocupa de ellos, el otro elige lo que hace. Hasta ahora ha funcionado, pero llega un domingo en el que uno de sus hijos propone ir todos juntos al cine.

Así que sale toda la familia a ver una película. A pesar de que las mañanas de los sábados y los domingos han estado llenas de carreras para llegar a todo, deberes con gritos previos, luchas en la mesa para lograr que dejen de pelearse, deciden ir al cine y descubren que la actividad es divertida y que lo han pasado bien en familia. A partir de ese momento, Fede y Alba eligieron una tarde del fin de semana para pasar tiempo en familia.

TIEMPO EN PAREJA

Cuando se tienen hijos, el tiempo de pareja se ve reducido, incluso fagocitado por el monotema de los pequeños. Esto es: «Por fin consigo salir a cenar el jueves con mi pareja y acabo discutiendo sobre si el niño tiene edad suficiente para quedarse solo en casa o necesita canguro». ¡Oh! Has perdido la oportunidad de recordar lo que te gustaba hablar de música, opinar acerca de temas de actualidad o escuchar la opinión de tu pareja. Incluso podías haber aprovechado para hacerle un cumplido o haber recibido un «cuánto te quiero» acompañado de una caricia de esas que tanto se echan de menos en la vorágine del día a día.

Cuando preguntas en tu entorno, compruebas que para muchas parejas, lo más próximo a ocio en el tiempo libre es ver juntos la televisión. Este podría ser un ejemplo representativo:

Juan y María están volcados en la educación de sus tres hijos, que ya empiezan a «tener vida propia». Un día que se encuentran los dos solos en casa, Juan propone salir y María le dice que estaría bien, pero que está muy cansada. Juan entonces decide quedar con unos amigos y, cuando va a salir de casa, María le recrimina que solo hace planes sin ella.

María: «Te ha faltado tiempo para quedar con los amigos con tal de no hacer nada conmigo».

Juan: «Pero si acabo de decirte que salgamos y me has dicho que no».

María: «Y digo yo que nos podíamos quedar en casa tranquilamente charlando».

Juan: «¿Charlar de qué? A ti lo que te pasa es que estás esperando a que quede con mis amigos para montar el numerito».

María: «Eso, ya estamos. Tú no entiendes hacer un plan conmigo si no es para salir de casa. Estás esperando la oportunidad para salir. ¿Vas a estar cuando lleguen los niños a la hora de la cena o me ocupo yo? ¿Recoges al pequeño en casa de su amigo o también voy yo? Vaya planazo que me has buscado».

Juan: «Vale, que sí. Nos jorobamos los dos. Me quedo en casa y nos aburrimos juntos. ¿Así te quedas contenta?».

Ambos se sientan en el salón, encienden la tele y se mantienen en un silencio tenso que, como en otras ocasiones, durará al menos hasta el día siguiente.

Si te ves reflejado en el ejemplo, vamos a mostrarte otra forma de resolver esta situación para que en vez de acabar en discusión termine en solución. Volviendo a Juan y María, proponemos lo siguiente:

Primer paso. María se acerca a Juan durante el desayuno y, con tono tranquilo y apaciguador, le dice: «Me gustaría hablar contigo esta noche cuando se acuesten los niños. ¿Te parece bien?».

Juan contesta a su mujer: «Hoy creo que llegaré pronto, así que lo vemos».

Juan y María se despiden con un beso.

¿Qué varía?:
—El tono en el que María pide las cosas.

—La conversación empieza con una pregunta que Juan debe contestar y que deja claro que María quiere oír su opinión.

—La petición viene acompañada de un gesto cariñoso. Esto quiere decir que se ha pasado de quiero discutir contigo a quiero resolverlo contigo.

Segundo paso. Cuando ya los hijos están acostados:

Juan: «María, ahora tenemos tiempo. ¿Qué me querías comentar esta mañana?».

María: «Nos sentamos en el salón y te cuento. El otro día, cuando te fuiste con tus amigos, me di cuenta de que tengo menos tiempo del que me gustaría para estar contigo».

Juan: «Entiendo. El problema es que a mí no me gusta que el plan contigo sea quedarnos en casa».

María: «Me gustaría que entendieras que llego cansada y que quedarme en casa contigo me parece un buen plan».

Juan: «Te propongo que nos dediquemos un tiempo los viernes. Yo haré la propuesta una semana y tú la siguiente».

María: «Tú no buscarás plan de amigos si elijo ver una peli en casa».

Juan: «De acuerdo. Y si mi plan es salir, tú vendrás aunque no te apetezca mucho».

¿Qué varía?:
—El objetivo es encontrar una solución negociada.
—Ambos piden cambios en los tiempos de pareja.
—Los dos generan alternativas y aceptan cambios de actitud en el otro para mejorar la sensación de «estar juntos».
—Solo se habla de la solución al incidente del día anterior.

Esto en boxeo sería «ganar el primer asalto». A Juan y a María todavía les quedan unos cuantos que resolver, pero han puesto los medios para conseguir la victoria.

Una vez comienzas a poner en práctica comportamientos distintos, verás que tu pareja responde de otra manera. ¡Déjate sorprender por ella! Quizá el primer día el esfuerzo no se vea recompensado como tú quieres; si es así, baja tus expectativas. Si llevas tiempo a la defensiva esperando que tu pareja diga algo, o has empezado a tirar del baúl de los agravios de vuestra vida en común, te recomendamos que empieces a utilizar estas herramientas de comunicación y que te pongas como objetivo no acabar discutiendo. Si lo consigues, puedes sentirte orgulloso y decirte: «¡Bien hecho! El cambio acaba de empezar».

Primer viernes

Ese viernes Juan y María se quedaron en casa. Ella le pidió a Juan que cocinase un plato especial y buscó una película para ver después. Ambos se acurrucaron en el sofá y disfrutaron.

Segundo viernes

El viernes siguiente María llegó pensando: «Con un poco de suerte me libro y Juan se va sin mí». Este tipo de ideas responden a la resistencia a cambiar lo que hemos convertido en rutina y es fácil combatirlas para que no frenen lo que nos hemos propuesto. Así lo hizo María: llegó a casa y se fue directa a la ducha. Se arregló y cuando Juan propuso su plan, ya estaba lista. Es decir, que aun sin tener ganas, dirigió su comportamiento al objetivo.

¿Lo pasaron bien en ambos planes? Juan reconoce que prefiere salir, pero se encuentra a gusto con el plan de María. María reconoce que salir le permite desconectar del estrés de la semana, pero le sigue costando. Ambos están de acuerdo en que su esfuerzo merece la pena, sobre todo por el cambio de actitud de ambos hacia el tiempo que se dedican en pareja.

TIEMPO PERSONAL

Sal solo y dedica tiempo a las cosas que te gustan sin ningún complejo, sin culpas, sin pensar que es tiempo que le quitas a tu familia. Recuperar las partidas de cartas con amigos, el deporte en grupo o las cañas de los miércoles te hará sentir mejor. Tendrás temas de conversación distintos, escucharás historias diferentes y, curiosamente, empezarás a relativizar tus dificultades. Los hijos exigen mucha atención y estar pendiente de ellos hace que nos olvidemos de nosotros mismos. Y ya se sabe que si no te ocupas de ti mismo, mal te vas a ocupar de los demás.

Empieza por:

—¿Qué has dejado de hacer que te gustaría recuperar?

—¿Cómo se lo plantearás a tu pareja?

—Adelante: ¡hazlo!

Hasta aquí todo queda claro y parece fácil, pero te encontrarás con que defender tu tiempo es motivo de un gran número de discusiones de pareja. La clave para resolverlo es tener en cuenta que la distribución del tiempo para uno mismo tiene que satisfaceros a ambos. Algunos ejemplos que anuncian un desequilibrio en el planteamiento son:

- «Prefieres jugar al pádel a estar con los niños».
- «Te vas con los amigos sin contar con que yo también quiero salir».
- «Muy bonito, yo al pie del cañón para que tú sigas haciendo lo que te gusta».
- «A mí también me gustaría ir al gimnasio, pero me quedo haciendo deberes».

Cuando hay niños pequeños en casa, la atención que requieren hace que se distribuyan tareas y tiempos para sobrevivir en esa maravillosa vorágine que es criar. Pero también en esta etapa se van definiendo las pautas de distribución del tiempo de cada miembro de la pareja.

El uso del tiempo y el reparto de las tareas cotidianas son los temas que más conflicto generan en las parejas con hijos. Puedes encontrar formas de llegar a acuerdos en las páginas 102-104, donde aprenderás cómo establecer contratos.

Te adelantamos que encontrar el equilibrio que os satisfaga a ambos pasa por distribuir y ceder.

TAREAS DEL HOGAR

Como hemos dicho antes, la división de las tareas cotidianas en la familia y la distribución del tiempo son los temas que generan más conflicto en las parejas. Mientras no hay hijos nos acoplamos bien, sobre todo porque las cosas cotidianas se pueden posponer. Si no hay comida en la nevera, podemos comer fuera; si la jornada laboral se alarga o tenemos que ausentarnos un par de noches, llegaremos cansados pero no necesitaremos atender a otras cuestiones.

Cuando hay hijos, tiene que haber comida en la nevera y el menú ha de estar preparado. Alargar una jornada laboral o un viaje implica organizar una red de apoyo para cubrir el cuidado de los niños. Podemos dejar pocas cosas a la improvisación, y aumenta el estrés.

El conflicto, cuando aparece, tiene mucho que ver con la sensación de equidad en el reparto de las tareas de cuidado y atención. Si crees que eres quien carga con más ocupaciones, acabarás achacando a tu pareja el cansancio y la falta de empatía, y cuantificarás sus ratos libres frente a los tuyos: «Tú llegas cuando ya está todo hecho, a mí también me gustaría eso alguna vez».

No es raro sorprenderse bañando a los niños mientras piensas: «Pero yo, ¿por qué estoy aquí y no viendo la tele? Me ocupo de la mayoría de las tareas y nadie se da cuenta, no puedo más. Voy a liarla ahora mismo, ¡qué caradura! Como si los demás no quisiéramos dedicar tiempo a lo que nos dé la gana». Este tipo de pensamientos nos activa emocionalmente, es decir, calientan la cabeza contra la pareja, a la que encontramos culpable de nuestra situación. Y aunque «liarla» no lo resuelve, parece que tranquiliza mostrar el enfado que produce un reparto injusto de tareas.

Fregar, cocinar, hacer las camas, limpiar los cristales, hacer la compra o llevar las finanzas del hogar. Con este breve resumen presentamos las tareas propias de cualquier casa. A estas hay que añadir las propias de tener una familia: preparar la ropa de los niños, acudir a tutorías o llevar a cumpleaños, recoger de los entrenamientos y llevar a los partidos/exhibiciones, los deberes, el bocadillo para el recreo... La lista puede ser interminable.

Todo sería más sencillo si estuviera estipulado quién hace qué, pero entonces el esquema sería muy rígido. Partimos de la hipótesis de que el reparto ideal es aquel que nos hace estar a gusto a los dos. Buscando un criterio de satisfacción, encontramos un continuo en el que cabe desde «Yo lo hago todo», «Hacemos al 50 por ciento», «70-30 por ciento», y así un largo etcétera, porque la distribución que vale es la que nos permite convivir sin sentir que no estamos igualados. Evita la idea de que la distribución más justa y la que más satisfacción da es la de hacerlo todo al 50 por ciento. No es recomendable, puesto que convierte las funciones en algo rígido y difícil de cumplir. Esta idea limita al que la piensa, que estará pendiente casi milimétricamente de lo que hace el otro y lo comparará con lo que hace él. La sensación de equidad es siempre subjetiva para cada miembro.

Las parejas que se rigen por el 50 por ciento son aquellas que, por ejemplo, se dividen el baño de los niños, y puede ocurrir que si el martes le toca a uno, el otro no se plantea la posibilidad de adelantar la tarea, sino que espera al que llega tras una reunión y un día imposible para decirle: «Te toca», con el consabido enfado del recién llegado que provoca frases como: «Eres incapaz de ponerte en mi lugar», «No puedo con mi alma y no lo entiendes». La rigidez nunca es amiga de la convivencia: las situaciones y las personas cambian, y nuestra respuesta debe modificarse con ellas.

El reparto de tareas se tiene que basar en los gustos y capacidades de cada miembro de la pareja. Si a un progenitor se le da bien el deporte, puede aprovechar para salir en bicicleta con los hijos el domingo, mientras el otro quizá prefiera dedicarse a revisar las tareas escolares. De esta manera ambos combinan deber con placer: cumplen con sus obligaciones al tiempo que hacen algo que les gusta. Este modelo disminuye el estrés y aumenta la satisfacción de pareja.

¿Por qué es tan importante para la convivencia el reparto satisfactorio de las tareas del hogar?

Porque si se siente que el reparto es igualitario, generamos también una relación interpersonal igualitaria, y esto ahorra mucha tensión y aporta sensaciones placenteras a la relación de pareja. Es muy similar a la sensación que tenemos cuando trabajamos en equipo. Si cada uno cumple su parte, el todo funciona, y nos sentimos a gusto con el resultado. Aunque el proceso no esté exento de dificultades.

Cómo repartir las tareas

Describiremos ahora estrategias para llegar a ese ansiado punto intermedio tan tranquilizador. Te adelantamos que la clave pasa por la negociación. Vamos a dividir en pasos una buena forma de llegar a acuerdos sobre las responsabilidades de cada uno en la familia:

1. Elige el momento adecuado para hablar del tema. El desayuno del lunes, justo cuando tropiezas con la mochila del niño antes de salir de casa o en mitad de la hora de las tareas escolares... son momentos que requieren resolver muchas cosas en poco tiempo y que no permiten detenerse a reflexionar. Aunque ponen de manifiesto que tenemos que cambiar algunas cosas en casa.

   El viernes durante la cena familiar o después, el desayuno del sábado o la tarde del domingo pueden ser ratos idóneos para consensuar la solución más satisfactoria para todos.

2. Establecer una lista de tareas que hay que repartir (y aquí no te olvides de que hay que incluir a los hijos en las tareas de la casa, según su edad y sus capacidades).

　　　　　　　　La pareja en familia

3. Criterios para el reparto de tareas: una buena forma de empezar es permitir que cada miembro de la familia elija en función de sus gustos y su destreza.

Puede ocurrir que las más tediosas queden sin cubrir. En ese caso hay que repetir el proceso. Habrá que elegir de la lista aquellas que nos resultan menos desagradables, y si sigue quedando la típica tarea que todos los miembros de la familia «odian», hagamos turnos semanales.

Buscamos la implicación de toda la familia, así que lo interesante del ejercicio es que al final del mismo todos se responsabilicen de algo. Hagamos un cuadrante y colguémoslo en la nevera para que nadie se olvide de sus responsabilidades.

Es recomendable contemplar tareas que supongan trabajar en equipo, por ejemplo: uno hace la comida mientras el otro pone los pijamas. El que cocina avisa cuando sea el momento de poner la mesa, que es tarea de los hijos. Toda la familia cena junta e intercambia información acerca de cómo ha ido el día, para terminar recogiendo la mesa entre todos. En este ejemplo, cada uno tiene su responsabilidad y solo si la cumple funciona el engranaje. Esto es, en definitiva, trabajar en equipo y disfrutar del buen trabajo realizado, y ya sabemos lo importante que es saber hacerlo de cara al futuro.

Tiempo trabajando en casa y fuera de casa

Ser padres implica, ya lo decíamos al principio de este apartado, un plus de tiempo y dedicación a tareas con los hijos que no siempre resultan placenteras.

Puedes seguir el mismo proceso de reparto descrito anteriormente haciendo hincapié en el factor «tiempo trabajando en casa/tiempo trabajando fuera de casa», porque en la mayoría de las familias el criterio de distribución viene marcado por el horario de cada miembro de la pareja. Así, si uno tiene media jornada y el otro la tiene completa, en el reparto habrá de tenerlo en cuenta para que al final del día ambos hayan dedicado más o menos el mismo porcentaje al tiempo de trabajo y al de descanso.

Si tras leer este apartado piensas que este ejercicio es un rollo, tendremos que darte la razón y recordarte que solo es necesario hacerlo una vez porque las posteriores modificaciones al cuadrante son rápidas. Pero, sobre todo, recuerda que trabajar en equipo refuerza las relaciones entre los distintos miembros de la familia y los inicia en valores como la empatía, la solidaridad y el esfuerzo. Sin pasar por alto que te conviertes en modelo de relación igualitaria para tus hijos. Merece la pena intentarlo, ¿no?

«Todo lo hago yo»

Cuando uno de los miembros de la pareja tiene esta sensación, lo más frecuente es que no haya un reparto igualitario de tareas. Probablemente sea así porque cuando estamos convencidos de algo, nuestras actuaciones van dirigidas a que se cumpla eso que pensamos.

Si te has escuchado alguna vez diciendo: «En casa siempre es lo mismo: si no recojo yo, está todo manga por hombro, tengo que repetir las cosas veinte veces para que me hagan caso, mi pareja no me ayuda en nada, me agotan», seguramente te habrás dado cuenta de que tus peticiones caen en saco roto. Así que si quieres organizar mejor las tareas del hogar para que todos colaboren, empieza contestando «verdadero» o «falso» a las siguientes frases. Y en función de los resultados pon en práctica las recomendaciones que te hacemos.

N°	AFIRMACIÓN	RESPUESTA
1	Cuando hay que hacer algo en casa, ni me molesto en decírselo a mi pareja. Prefiero hacerlo yo, así acabo antes.	
2	Mi pareja se encarga de los recados: sacar al perro, tirar la basura, ir a por el pan, pero las tareas domésticas «más fuertes» las hago yo.	
3	Cuando tu hijo te pide hacer alguna tarea, tú le dices que no, que es demasiado pequeño y que se vaya a jugar.	
4	Mi/s hijo/s nunca ha/n asumido responsabilidades en casa: ni poner la mesa, ni llevar su ropa sucia al cesto, ni recoger sus juguetes...	
5	Si mi pareja hace algo que desde mi punto de vista no está bien, le recrimino que no sabe hacer las cosas como yo, incluso delante de mi hijo.	
6	Casi nunca le digo a mi pareja lo importante que es todo lo que hace dentro de la familia.	

Cuantas más frases hayas encontrado verdaderas, con mayor ahínco deberás leer las recomendaciones que te proponemos a continuación: aquí están reflejados algunos de los errores que con frecuencia impiden un ambiente de colaboración e igualdad. También te decimos cómo cambiarlos.

—Pensar que las cosas solo están bien hechas si las haces tú y recriminar al otro su incapacidad para hacerlo igual. Aprende a delegar responsabilidades, empieza delegando un par de tareas a tu pareja (bañar a los niños y pasar la aspiradora, por ejemplo) y limítate a animarla, evitando comentarios del tipo: «Las orejas también hay que lavarlas» o «Debajo del sofá también hay polvo». Al principio te costará morderte la lengua pero rápidamente encontrarás muchos beneficios a la nueva situación, aunque tengas algo más de polvo acumulado en el salón.

—A menudo, uno de los miembros de la pareja se convierte en el chico de los recados y con el tiempo llega al convencimiento de que eso es colaboración suficiente, aunque no se traduzca en un reparto equitativo de las tareas domésticas. Haced una lista de tareas y repartíoslas. Eso sí, dejad claro cuándo se harán las cosas, porque el tiempo que tarda cada miembro de la pareja en hacer lo que le toca suele ser uno de los motivos de discusión más frecuentes.

—Si hacéis el esfuerzo y vuestros hijos os ven a ambos hacer la cama, fregar y planchar, entenderán que es lo normal en todas las familias y lo asimilarán de manera natural para el día de mañana.

— Es frecuente y erróneo pensar que los niños no son capaces de asumir responsabilidades. Si se espera a que sean mayores, cualquier tarea puede ser fuente de enfrentamiento. Así pues, que tu hijo ordene sus juguetes, lleve la ropa sucia al cesto o ponga la mesa. Esto no solo hará que entienda y aprenda que en casa todos tienen que colaborar, sino que le hará sentirse más autónomo y le subirá la autoestima. Pídele que haga cosas y deja que te sorprenda (al principio con tu ayuda y supervisión y luego él solo), y ve aumentando el número de tareas poco a poco.

Una vez iniciado el cuadrante, encontrarás situaciones que te molestan o te hacen sentir mal a pesar de haberlas elegido tú. En ese caso, háblalo. Tu pareja no tiene por qué ser adivino y si no le cuentas lo que te ocurre no lo averiguará solita. El reparto de tareas y responsabilidades es algo que puede cambiar y que requiere de acuerdos continuos.

La pareja en familia

¿Repetimos?

En algún momento las parejas, o al menos uno de sus miembros, se plantean aumentar la familia. Si ambos están de acuerdo, ponen en marcha el plan y empiezan los reajustes necesarios para la nueva situación. El problema se presenta cuando uno quiere y otro no. ¿Se puede salvar la pareja cuando una de las partes no quiere aumentar la familia?

Sí, cuando hay disposición para escuchar las razones del otro y respetarlas y para aprender a vivir sin que la idea de que es terrible que el otro no comparta tu opinión te asalte continuamente. Lo cierto es que cuando una pareja se enfrenta a esta disyuntiva, se produce un desajuste en cuanto a proyectos, momentos y necesidades de cada uno.

Las razones para no querer tener más hijos pueden ser muchas y todas respetables, pero abren una brecha para la pareja que es necesario cerrar para seguir disfrutando juntos.

En muchas ocasiones, la necesidad de la paternidad es tan fuerte para alguno de los dos que somete al otro a un continuo chantaje. Es fácil de identificar cuando aparece alguno de estos argumentos:

1. «No importa, cambiarás de idea». No tienes ninguna certeza de que eso vaya a ocurrir. Lo

cierto es que, a día de hoy, la negativa es la respuesta que recibes.

2. «Eres un egoísta, solo piensas en ti». Es lo que suele decir el que quiere aumentar la familia para movilizar las emociones del otro, sin darse cuenta de que el mismo criterio puede apoyar la postura de su pareja.

3. «Si me quieres, tendrías que entenderlo». Es cierto que por amor se hacen muchos cambios, pero no parece que decisiones de este calibre tengan que estar relacionadas con querer más o menos a la pareja. Más bien parten de motivos personales y, como estamos viendo a lo largo de este libro, en una pareja cada uno tiene criterios distintos, hace sus propios cambios y vive las cosas de manera diferente.

Habrá que poner en marcha el proceso de tomar la decisión independientemente del resultado que obtenga la pareja:

1. Sentarse a hablar y escucharse. Como decíamos, todas las razones son igual de buenas (miedos, economía, desarrollo profesional, falta de tiempo, etcétera), luego no cabe juzgarlas, ridiculizarlas ni obviarlas.

2. Hacer listas separadas de ventajas y desventajas de tener otro hijo. Tras escuchar al otro, cada uno deberá elaborar una lista en la que quepa cualquier ventaja o desventaja que se le ocurra, todas valen. Antes de leérselas al otro, seleccionará las que más peso tengan, no más de diez.

3. Tomar la decisión. Escuchar las razones que contempla el listado del otro y reconocer aquellas con las que se está de acuerdo. Solo entonces, sin prisas y habiendo aclarado los motivos de ambos, tendréis que decidir.

4. Aceptar lo pactado. Es la parte más difícil del proceso para el que debe asumir la negativa. El objetivo de hacerlo como te hemos descrito es evitar que el tema os lleve a discusiones continuas sin solución alguna. Por eso es tan importante respetar el acuerdo al que se ha llegado.

Recomendaciones: una vez terminado el proceso, habrá que dejar de hablarlo a todas horas; o correréis el riesgo de estar permanentemente pendientes de cambiar la opinión del otro.

Para el que no verá aumentada la familia como quería, será bueno centrarse en la situación actual dejando de lado cualquier pensamiento acerca de lo que podría haber sido si... Cuando esto no es posible y la idea es recurrente, se puede intentar fijar plazos para volver a hablar del tema.

El otro, por su parte, si cambiara de idea en algún momento, deberá comunicárselo a la pareja.

Las falsas promesas como: «Ahora no es el momento, quizá más adelante» se ofrecen como respuesta a la pregunta una y otra vez, cuando en realidad la persona tiene clara su decisión. En este sentido hay que ser honesto y permitir que el otro obre en función de lo que escuche. Este tipo de actitudes aumentan el conflicto y merman la relación de la pareja.

A continuación describimos el proceso de toma de decisiones que llevaron a cabo Susana y Pablo:

Susana quiere un segundo hijo y se lo lleva diciendo a Pablo unos meses. Él contesta que ahora no es el momento, que más adelante cuando esté mejor posicionado laboralmente, que no pueden asumir más gastos en su situación actual. Hasta que un buen día Susana le plantea un ultimátum: «Pablo, dime sin rodeos cuándo vamos a tener otro hijo. Estoy harta de excusas, nunca encontrarás el momento ideal y va pasando el tiempo». Pablo contesta: «Susana, estamos bien así, no quiero imaginarme lo que puede suponer empezar otra vez con un bebé en casa».

El comentario de Pablo da pie a una bronca monumental en la que ambos se dicen frases del tipo: «Eres un egoísta», «Nunca me escuchas», «Pues si esa es tu última decisión, atente a las consecuencias», «No pretenderás que tenga un hijo porque a ti se te antoje», «Lo que pasa es que no me entiendes, no lo has hecho nunca», y un largo etcétera. Después de las recriminaciones, están una semana sin dirigirse la palabra. Cuando retoman la conversación, deciden sentarse y abordar el tema con tranquilidad.

Susana expone sus razones: «Me gusta la idea de aumentar la familia para repetir la experiencia de la maternidad y que nuestro hijo viva la relación con un hermano. Supondría menos tiempo para nosotros y un esfuerzo económico asumible».

Pablo contesta: «Nuestra situación laboral actual es bastante inestable. Es verdad que ahora podemos eliminar algunos gastos, pero no estoy seguro de que podamos mantener dos hijos si las cosas cambian. Nada me produce más vértigo que pensar en no dar a mi hijo lo que considero que necesita».

Susana propone: «Entiendo tu miedo, pero ¿eso significa que no tendremos más hijos?».

Pablo: «Por el momento ni me lo planteo. Sé que tú quieres, pero no creo que vaya a cambiar de opinión».

Susana: «Lo que me dices es difícil de asimilar, me duele pensar que no voy a tener más hijos. Si cambia nuestra situación laboral, ¿podríamos volver a hablar del tema?».

Pablo: «Por supuesto».

A partir de aquí, Susana tendrá que acomodar sus expectativas sobre su familia. Le asaltará la idea de tener otro hijo y tendrá que discutirla consigo misma: «Tengo una familia maravillosa. Me gustaría haber tenido otro hijo, pero eso no impide que disfrute de lo que tengo. Si convierto aumentar la familia en un requisito para ser feliz, solo conseguiré sentirme mal y no disfrutar de lo que ya tengo». Poco a poco estas ideas dejarán de asediarla; además podrá volver a hablar del tema si cambia la situación laboral.

Pablo y Susana podrán hablar del tema si mejora su economía, ¿y quién sabe si tendrán entonces el mismo criterio con respecto a aumentar o no la familia?

En la mayoría de las parejas, ambos miembros trabajan fuera de casa. Esta situación es fuente de estrés añadida porque:

—Se complica la organización familiar: no se dedica todo el tiempo que quisiéramos a la familia.

—Genera culpa por el tiempo que resta a la crianza de los hijos. En general, delegar en otros nos parece sinónimo de desatender.

—Los papeles y las responsabilidades de cada uno no están bien definidos.

Nuestros abuelos, incluso nuestros padres, tenían muy claro el esquema de funcionamiento y eso facilitaba definir qué tenía que hacer cada cual dentro y fuera de casa. Así, la madre hacía lo mismo que había visto hacer a la abuela, y la nieta repetía las funciones de la madre. Ahora cambia el planteamiento y no tenemos modelos que imitar; partimos de cero.

Los padres tienen claro lo que quieren, pero no saben cómo hacerlo. Esta frase resume el sentir de muchas parejas cuando ambos trabajan. Resulta que después de algunos años compaginando ambos papeles en pareja, podemos sacar algunas conclusiones. La más interesante es que se ofrece a los hijos una imagen más cercana a la corresponsabilidad en familia.

En los hogares donde ambos progenitores trabajan fuera de casa se produce un proceso de adaptación que es satisfactorio para ambos en la medida que el reparto de las tareas que describimos a continuación se vive como algo equilibrado:

— Hay reparto de las tareas domésticas y de las de crianza.
— Las decisiones se toman de manera conjunta.
— La gestión económica está repartida y ambos tienen acceso al dinero.
— Consideran que están apoyados por el otro tanto emocionalmente como con sus actuaciones.

Aunque la necesidad de definir unos roles que no se han aprendido suma estrés a la convivencia, alcanzar un proyecto propio aumenta la satisfacción de los dos miembros de la pareja.

Fernando y Lourdes son una pareja con tres hijos de entre 8 y 12 años. Ambos son profesionales liberales de éxito, lo que ahora mismo equivale a decir que viven «volcados en el trabajo». Ambos tenían claro que era compatible no frenar sus carreras profesionales con tener una familia numerosa. Contrataron una empleada del hogar y se turnaron durante los años de crianza de los hijos.

Al principio vieron reducidos sus tiempos de ocio y sus relaciones sociales. Se «hicieron fuertes» en la crianza de los niños y, aunque tuvieron ayuda en lo relativo a la intendencia, dividieron su tiempo entre el trabajo y los hijos.

Lo que no esperaban es que, cuanto más crecían sus hijos, más demandaban su presencia física: «De bebés lloraban, pero se quedaban tranquilos con la cuidadora o en la escuela infantil», dice Lourdes. «Ahora el problema es que necesitan que estés para hacer los deberes, hay que llevarlos a los cumpleaños y competiciones. No puedes elegirles la ropa, quieren ir a comprarla contigo, y así un sinfín de cosas que atender con el tiempo que NO TENEMOS».

Fernando escucha a Lourdes y está de acuerdo, pero no sabe cómo resolver el problema. Su empresa no le permite salir a la hora que llegan los hijos a casa, y aunque tiene cierta disponibilidad por las mañanas, poca cosa se puede solucionar cuando los niños ya están en el colegio.

Ambos se sienten angustiados y algo culpables por no atender las necesidades de su familia como les gustaría. Así que desarrollan el siguiente plan.

Fernando, que tiene tiempo por las mañanas, se encargará de:

— Comprobar que llevan todo lo necesario en la cartera.
— Citas y revisiones médicas.
— Tutorías.
— Compras necesarias para la intendencia de la casa. Incluyendo regalos de cumpleaños, material de papelería, etcétera.

Antes de incorporarse a su empresa, Lourdes solicitó entrar antes por la mañana para poder llegar a casa alrededor de las seis de la tarde. Así que ella se ocuparía de:

— Deberes.
— Actividades extraescolares y excepciones como cumpleaños, trabajos en casa de un compañero de clase, etcétera.
— Baños y cenas.
— Preparación de ropa y material para el día siguiente.

Además, contaría con la ayuda de la cuidadora de los niños para las tareas domésticas.

Fernando llegaría a casa alrededor de las nueve y media de la noche, de forma que todavía le quedaría un ratito para estar con los niños antes de acostarlos.

Leído parece fácil, pero este proceso no estuvo exento de dificultades.

Por cuestiones laborales, Lourdes supervisó los deberes de sus hijos por skype o por teléfono.

Fernando se pegó muchos madrugones para adelantar el trabajo y poder ir al médico o a una tutoría con sus hijos.

Ambos discutieron mucho por la forma en cómo hacían los deberes, los criterios de los profesores, lo cansado que era lo de uno o lo de otro, si merecía la pena tanto esfuerzo por el trabajo... Hubo días de gritos, de enfados, pero también de risas y de ternura.

¿Qué les diferencia de otros padres trabajadores? Establecieron un plan para conseguir un objetivo común.

V

Las relaciones sexuales

Domingo a mediodía. Mientras sus hijos duermen la siesta, Juan y Elvira se miran y deciden poner fin a la falta de relaciones sexuales que les pesa desde hace unos meses. «Estamos tan cansados con los dos niños, el trabajo, la familia... que no encontramos tiempo para mantener relaciones sexuales», comentan. Cuando por fin encuentran un hueco, en plena faena aparece uno de sus hijos en el dormitorio y con voz inocente dice: «¿Qué hacéis? ¿Qué os pasa?». La pareja se mira y concluye: «Tenemos que buscar una solución».

Un estudio realizado recientemente en Estados Unidos por la web de parejas Parenting concluye que un 66 por ciento de las parejas afirma que su vida sexual se ve afectada tras el nacimiento de los hijos, y que ello se debe sobre todo a la falta de intimidad, de tiempo y al cansancio. Este mismo estudio dictamina que la mayoría de las parejas con hijos reconocen no tener más de una o dos relaciones sexuales al mes. Para más información, se puede consultar la página (en inglés): http://www.parenting.com/blogs/show-and-tell/sex-and-marriage.

CANTIDAD Y CALIDAD

No hay una cantidad ni una calidad mejor que otra. En cada pareja el criterio es diferente y la medida óptima es la que genera satisfacción en ambos. Recogemos la opinión que, en general, nos transmiten las parejas que se incorporan a la paternidad: la cantidad o la frecuencia de las relaciones sexuales es la queja principal. El cansancio, las noches en vela, el trabajo, las nuevas responsabilidades o una menor intimidad consiguen relegar los encuentros sexuales a un segundo plano. Les cuesta o no saben priorizar el sexo entre la avalancha de nuevas responsabilidades que trae consigo ser padres.

La calidad de las relaciones sexuales en general no se ve afectada. Pero sí cuentan que la calidad mejora de manera proporcional al aumento de la frecuencia. Esto ocurre porque con el sexo, como con cualquier otra actividad física, empezar da pereza, hasta que uno coge fondo y entonces el cuerpo lo demanda.

La comunicación vuelve a ser un tema clave en el área sexual. Hay parejas que lo consideran un tema tabú y no lo hablan. Y lo que no se pide, no se obtiene. Para ejemplificar la importancia que tiene hablar de sexo con tu pareja nos remitimos de nuevo al estudio citado, donde se apunta que el 6 por ciento de las parejas reconoce haber sido infiel (y el 18 por ciento se lo había planteado) por no estar conforme con la frecuencia de sus relaciones sexuales. Acordar la cantidad es fundamental para evitar la insatisfacción sexual de alguno de los dos. Tendrás que negociar, hablar, escuchar los argumentos del otro y pasar a la acción.

La insatisfacción sexual menoscaba enormemente la relación. Cuando la pareja no cuida su vida sexual asume un distanciamiento afectivo peligroso. Por el contrario, la satisfacción sexual facilita que otras áreas funcionen mejor, ya que existe una actitud más positiva para arreglar las cosas.

Cuando la pareja cuida sus momentos de intimidad y comunicación genera una complicidad que fortalece su trabajo en equipo. Las relaciones sexuales satisfactorias aumentan el saldo positivo de la relación (ver «El símil de la cuenta bancaria» en las páginas 150-151).

Partiendo de la queja más generalizada entre las parejas con hijos, la referida a la frecuencia de relaciones sexuales, empezaremos rompiendo mitos:

— Es falsa la idea de que no hay que planear las relaciones sexuales, de que tienen que surgir espontáneamente. Cuando la pareja atraviesa una época en la que el sexo se espacia demasiado, la manera de romper esa dinámica pasa por «exigirse a uno mismo» cumplir con la frecuencia que se haya acordado.

Olvídate del «cuando surja» y cierra fecha y hora como si de una cita de agenda se tratara. Por ejemplo: «los sábados cuando los niños se hayan acostado» o «los domingos cuando dejemos a los niños en el cine con los amigos».

— Habla de sexo con tu pareja: saca el tema, admite el problema, discute las discrepancias y trata de comprometerte con la solución que acordéis. Evitaréis llegar a conclusiones precipitadas y muchas veces erróneas, como: «Ya no es necesario el sexo en mi relación de pareja» o «¿Tendrá relaciones con otra persona?».

—Atrévete a pedir: si no le cuentas al otro lo que te gusta y te disgusta en materia sexual, nunca se enterará. Dar por hecho que tu pareja debe saberlo es un error que te producirá mucha insatisfacción.

Me da vergüenza hablar de sexo

No todas las parejas saben hablar de sexo. Esta dificultad muchas veces está provocada por la vergüenza a la hora de pedir aquello con lo que fantaseamos, nos excita o nos apetece, o de no saber contar lo que sentimos cuando las relaciones sexuales son insatisfactorias.

Ambos motivos reducen el número de intercambios sexuales porque generan ideas del tipo: «Como no disfruto...», «Como no me gusta su forma de acariciarme...» o «Solo se ocupa de su propio placer», todas ellas excusas para evitar hablar de sexo. Con estas líneas te animamos a establecer una comunicación fluida con tu pareja. Sabemos que es complicado empezar, pero el esfuerzo merece la pena. Piensa que pasado el «corte» de iniciar la conversación no es distinto de cuando os coordináis para poner una norma en casa. Busca el momento, empieza diciendo algo que exprese cómo te sientes («Lo cierto es que me da vergüenza hablar de esto contigo, pero creo que es importante contarte lo que me ocurre cuando tenemos sexo...») y lánzate a pedir cambios centrando el discurso en:

—Lo que te disgusta: «Cuando intento tener relaciones sexuales contigo y tú me rechazas con desplantes, se me quitan las ganas de volverlo a intentar. Me gustaría que me dijeras cómo pedírtelo y estableciéramos cuándo. Así sabría que estás de acuerdo y no me sentiría rechazado». Revisa el diálogo DEP en la página 53; puede serte útil para abordar el tema.

—Lo que te gusta: «Me gustaría aumentar el número de veces que hacemos el amor». «Querría probar algún gel nuevo con el que me estimularas porque muchas veces no llego a sentir placer».

El caso que te describimos a continuación puede darte una idea de cómo empezar a hablar de sexo con tu pareja:

Laura está terminando el disfraz de la función del cole de mañana, son las once de la noche y los niños duermen. Jaime se abalanza sobre ella en el sofá. Laura le dice: «Eres un guarro, siempre estás pensando en lo mismo. ¿No ves el trabajo que aún me queda por hacer?». Se quita de encima a Jaime, que se retira enfadado y le grita: «La que tiene un problema eres tú, nunca quieres sexo. Un día me voy a buscar a otra».

En este tipo de interacción se cumplen todos los criterios que hacen improbable la solución al conflicto:

— Ninguno de los dos expresa claramente lo que piensa o quiere del otro.
— Laura interpreta de forma categórica lo que Jaime demanda: «Eres un guarro».
— Jaime hace una atribución general a su comportamiento: «Nunca quieres..., tienes un problema».
— Aparece la amenaza: «Me voy a buscar a otra».

Muy diferente habría sido el resultado si la comunicación entre la pareja hubiese sido algo así:

Laura: «Jaime, no me gusta que te tires encima de mí de forma tan brusca, prefiero que vayas más despacio. Además, espera un poco, que estoy terminando lo del cole del niño de mañana y ya es tarde».

Jaime: «¿Qué te parece si te echo una mano con el disfraz del niño y luego seguimos? Es que hoy me apetece mucho».

Este tipo de comunicación cambia la perspectiva y acerca la solución. Laura se siente comprendida y Jaime, aceptado. De manera que, una vez terminada la tarea, los dos pueden mantener relaciones. Jaime ha hecho un esfuerzo por ser más delicado, tal y como Laura le ha pedido, y ella ha accedido a aumentar la frecuencia de las relaciones sexuales, como Jaime ha propuesto, que se convierten en más satisfactorias para ambos.

PAUTAS QUE REVITALIZAN LAS RELACIONES SEXUALES

He aquí algunas ideas para mantener viva la chispa en la pareja:

—Cambiar algunas rutinas en materia sexual posiblemente aumentará la satisfacción de ambos: la hora del día, el lugar o la forma. Podéis sorprender al otro con algo diferente o novedoso que avive su interés.

—Si estáis pendientes del placer que siente el otro además del propio, ambos os volveréis más activos y la frecuencia de las relaciones sexuales aumentará.

—Hablad de cosas que no sean los hijos. Esta actitud genera en la pareja una sensación similar a cuando estabais solos los dos. Los niños ya dormidos y vosotros sentados en el sofá hablando de temas diferentes a los del día a día, una conversación que pueda desembocar en algo más o, por lo menos, generar complicidad y confianza. Estas actitudes favorecen la aparición de relaciones sexuales o de conversaciones sobre estas.

—Convertid el sexo en una prioridad. Empezad a darle la importancia que merece. Estableced la frecuencia y exigíos cumplirla.

—Sois padres y pareja. Compaginad ambos roles sin que ninguno se resienta. Buscad huecos para vosotros dos. Por ejemplo, estableced «el día sin hijos». Los abuelos, la familia o un canguro os echarán un cable. Salid a cenar, al cine, a tomar algo con amigos, o simplemente quedaos en casa y preparad una cena y una película. Estas acciones os acercan el uno al otro y predisponen a tener relaciones sexuales. Eso sí, recordad que está prohibido hablar de niños.

El plan de Juan y Elvira

Juan y Elvira buscaron una solución para recuperar su vida sexual. Para ello, propusieron el sábado como «día sin hijos». Contaron con la ayuda de los tíos, que se llevaron a sus hijos y a los primos al cine.

Ese primer día sin niños lo dedicaron a hablar y comentar cómo había cambiado su vida sexual desde que tenían hijos. Recordaron cómo era antes, las cosas que les gustaban. Admitieron que la falta de deseo y el desinterés no estaban relacionados con la falta de amor, sino más bien con la falta de erotismo. Novedad, fantasía y variedad serían sus aliados en esta primera fase.

Conscientes de la falta de intimidad en casa, con los niños campando a sus anchas, insistieron en que llamaran a la puerta de su habitación, a la que además pusieron un pestillo.

Establecieron que mantendrían relaciones sexuales al menos dos veces a la semana. Los miércoles Juan sería el encargado de sorprender a Elvira. A ella le tocaría los domingos. El miércoles era un buen día porque los niños llegaban de la piscina cansados y se iban pronto a la cama, y el sábado o el domingo en algún momento estarían en el cine con los amigos, los primos o los abuelos.

Después del primer mes, Juan y Elvira evaluaron y comentaron su plan. Estaban satisfechos con la frecuencia y la calidad de su vida sexual.

El sexo en pareja es una de las áreas que más satisfacción aporta a la relación de pareja. No dejéis al azar que siga siendo así. Hablad, haced propuestas, cumplidlas y disfrutad.

VI

La familia política

Cada familia tiene su dinámica propia y su forma particular de entender la vida. Esto define comportamientos, creencias, valores, costumbres, hábitos y normas de convivencia. Por eso, cuando se une un nuevo miembro (yerno o nuera), aparecen los roces propios de incluir a un extraño que, además, aporta su visión de la familia. Mientras no hay hijos, la cosa puede ser más llevadera, pero cuando llegan, las desavenencias pueden recrudecerse y provocar discusiones: «No me gusta lo que hacen tus padres con nuestro hijo», «Tú decides lo que hacer con el niño pensando más en lo que quiere tu madre que en lo que quiero yo» o «Siempre estamos en casa con tus padres y nunca vamos a casa de los míos».

A lo descrito en el párrafo anterior puede sumarse que, cuando los hijos se convierten en padres, pueden encontrar en los abuelos grandes aliados o una fuente de conflictos: «Mamá, te he explicado muchas veces que ahora quien decide cómo educar soy yo. Tu nieto irá solo al colegio porque así lo he decidido».

No definir qué protagonismo tendrá y qué papel desempeñará la familia política en nuestro día a día impide poner los límites que muchas veces evitan el conflicto y se corre el riesgo de que vayan a más. Por eso recomendamos mantener conversaciones sinceras acerca de varias cuestiones, que desarrollamos a continuación.

EL PAPEL DE LOS ABUELOS

Hoy en día muchos abuelos se han visto en la obligación de asumir un papel activo en la educación de sus nietos. Son «abuelos canguros», que se encargan de recoger a los niños del colegio, darles de comer, volverlos a llevar y pasar parte de la tarde con ellos, incluso ayudarles con los deberes. Eso les permite tener más opinión y criterio en los temas cotidianos. A mayor implicación, más posibilidad de desacuerdo. La clave será llegar a un «acuerdo de mínimos», es decir, cuando los padres están delante, valdrá su criterio; y al revés, si los encargados del nieto son los abuelos. Las diferencias de criterio nunca se discutirán delante del niño. Si además podemos negociar en temas que se consideren importantes, mejor que mejor.

Si puedes elegir, el papel de los abuelos debe ser, por definición, el de «consentidores». Están para mimar a los nietos y para darles caprichos, y generan una relación de complicidad que los convierte en compinches. Estos son los que vienen de visita, hacen de canguros cuando la pareja sale y se los quedan en casa cuando están malos. La clave para que las diferencias no pasen de ahí es definir los tiempos de visita.

Hay situaciones de conflicto que se repiten, ya sean abuelos canguro o de visita. En el siguiente cuadro encontrarás las más representativas y su solución.

Respuesta de la pareja	¿Cómo solucionarlo?
«No voy a enfrentarme a mis padres, bastante hacen quedándose con el niño».	Negociar y acordar con tu pareja una o dos pautas que os parezcan importantes y contárselo a los abuelos. «Nos gustaría que nos ayudarais con las tareas de Alba. Le cuesta mucho concentrarse, y si ve la tele antes, es imposible que se siente a estudiar. ¿Nos podéis ayudar con la norma: Se ve la tele después de las tareas?».
«Estoy de acuerdo con mis padres. Que cuando el niño esté allí meriende lo que quiera, no es tan grave».	Llega a un acuerdo con tu pareja. Podéis preparar un horario con las meriendas del niño de toda la semana y hacer coincidir las que le gustan con los días en los que esté en casa de los abuelos.
«Todos los días le digo a mi madre que el niño no se pase toda la tarde con el videojuego, pero es como hablar con una pared».	Veamos cómo podemos resolverlo... ¿Y si cuando va a casa de tus padres entre semana no le dejamos que se lleve la maquinita? Solo le dejamos que se la lleve el fin de semana. Así evitaremos discutir con la abuela todos los días por el mismo tema.
«Es que en casa de tus padres no vale lo que nosotros decimos, nos desautorizan constantemente».	«Tienes razón, voy a pedirles a mis padres que cuando estemos nosotros, nos encargamos de decirle a los niños lo que pueden y no pueden hacer. Cuando estén a solas con ellos, es su responsabilidad».
«Es la enésima vez que tu madre me dice que Javi no debería volver tan tarde a casa, que le permitimos mucho».	«Sí, mi madre es un poco pesada y cuando le da por un tema no hay quien se lo quite de la cabeza. Hablaré con ella...». «Mamá, gracias por tus consejos, pero es nuestro hijo y vamos a decidir qué es lo que puede o no puede hacer. Vosotros lo hicisteis con nosotros de la manera que creísteis mejor, y ahora nos toca a nosotros. Así que no me gustaría que me volvieras a decir lo de la hora de llegada de Javi».

En los siguientes ejemplos se describen situaciones de conflicto muy representativas de lo que suele ocurrir en las relaciones pareja-abuelos.

Diferencia de criterios

«Tu madre hoy me ha vuelto a decir que no lleva más al niño a la piscina, que se pasa toda la hora negándose a hacer nada y le monta unos follones tremendos antes de entrar».

«El niño tiene que ir a la piscina sí o sí. El problema es de tu madre, que no quiere que vaya y el niño se aprovecha».

«Pero ¿qué quieres que haga yo?».

«Que hables con ella».

«Ella lo lleva, pero él no quiere ir. ¿Por qué no te encargas tú de llevarlo si lo crees tan importante?».

«Estoy en el trabajo y no me puedo escapar».

«Pero mi madre hace todo lo que está en su mano. Si para ti es tan importante que vaya a la piscina, ¿por qué no te encargas tú el viernes por la tarde, que no trabajas?».

En este caso se resolvió la situación de manera satisfactoria, pero no siempre es así y pueden surgir roces entre la pareja.

Enriquecernos de la experiencia

Hoy muchos abuelos asumen el cuidado diario de los nietos. Esto genera mucha tensión, porque tanto padres como abuelos creen que su criterio es el bueno. Veamos un ejemplo: Claudia es una niña maravillosa que va a comer a casa de sus abuelos todos los días. Desde pequeña ha sido muy mal comedora y sus padres se preocupan mucho por su dieta. Claudia ha convencido a su abuela para que le prepare solo los platos que le gustan. En su casa, Alberto y Sara quieren que su hija coma lo mismo que el resto de la familia.

Todos los días, cuando van a recoger a Claudia, se repite la misma cantinela: «Tu abuela te da lo que quieres y luego nosotros a luchar para que comas lo que no te gusta». Y a la suegra: «¿No te das cuenta de que le haces un flaco favor con darle sus caprichos? ¿Tanto te cuesta hacernos caso y no darle chucherías cuando no le gusta la comida o la merienda, o entre horas?».

En casa lo mismo: «Con tu madre es imposible. Por más que le digo, hace lo que quiere. Todos los días se lo explico y me dice que sí, que lo va a hacer, y luego nada». Alberto contesta: «No es para tanto, bastante hace con llevársela a comer a casa. A lo mejor es Claudia la que tendría que llevarse la bronca que le echas todos los días a mi madre». Este comentario automáticamente activa a Sara, que sube el tono de voz para dejar claro: «Ahora me vas a decir que la culpa la tengo yo».

Cuando un conflicto no se resuelve, podemos discutirlo todos los días sin que nada cambie. Discutir implica un desgaste para la pareja cuando el objetivo es dejar clara la queja y querer tener razón, en lugar de buscar una solución consensuada que ponga fin a la disputa diaria.

Alberto plantea a Sara lo siguiente: «Voy a hablar con mi madre. Le elaboraremos un menú con las comidas que Claudia acepta y le pediré que lo respete. También vamos a explicarle a Claudia lo que ocurrirá cuando se salte la comida en casa de la abuela».

Sara aprueba la propuesta de Alberto, pero le comenta: «Creo que tu madre no va a ser capaz de mantener lo que le pedimos».

Alberto dice: «No lo sé, nunca le hemos dicho qué hacer. Nos hemos limitado a reprocharle su actitud. De cualquier manera, si Claudia no cumple, nosotros nos ocuparemos de castigarla. Eso me parece más justo con mi madre, ¿no?».

Alberto le cuenta el plan a su madre y le deja el menú (que solo contempla comidas que a la niña le gustan). Cuando recogen a Claudia, solo preguntan si se ha comido lo que su abuela le puso, felicitándola cuando lo hace y retirando su tiempo de juego con la tablet cuando no lo hace.

Si es difícil establecer criterios comunes entre dos, mucho más entre tres. Sara y Alberto han puesto el chip en resolver más que en discutir y han tenido en cuenta que la exigencia hacia los abuelos no puede ser la misma que con los padres. Ellos colaboran, pero no son los encargados de educar. Así pues, bajemos el listón y pidamos a los abuelos solo aquello que puedan o estén dispuestos a hacer. En cuanto a ti, te proponemos que sigas estos consejos:

—Facilita la tarea dando alternativas. A veces será un menú, otras una llamada de teléfono a la hora de los deberes, incluso hay quien elige que sus hijos tengan tiempo libre cuando estén en casa de los abuelos y hagan los deberes después, con los padres. El caso es no perder de vista que los abuelos son un complemento perfecto a la función educativa de los padres.

—Entiende su filosofía. Ellos llevan mucho tiempo haciendo las cosas de la misma manera. Si para la abuela de Claudia es fundamental que esta coma, por mucho que se empeñe Sara en cambiar el criterio, la abuela lo priorizará frente al de su madre.

—Sé más flexible. Aunque tengan que asumir responsabilidades diarias, la relación de los abuelos con sus nietos debe ser divertida, lúdica y de complicidad. Permite que tus hijos tengan esa experiencia siendo más condescendiente cuando llevan a cabo las responsabilidades que les habéis encomendado.

—Llega a un acuerdo de mínimos. Hay familias en las que la propuesta que hacemos en el párrafo anterior es prácticamente inviable. Cuando los recursos lo permiten, podemos recurrir a soluciones como el comedor del colegio, una profesora particular, un canguro, cambios de horarios laborales, etcétera. Sea cual sea la situación, llegados a este punto hay que acordar unos mínimos que permitan la relación con los abuelos. Cuando estén los padres, su criterio será el válido, pero cuando los niños se quedan con los abuelos no discutiremos lo que hacen o dejan de hacer. Por supuesto, cualquier diferencia que se genere será discutida entre adultos y nunca con los niños delante.

Los padres transformamos a los nuestros en abuelos. Los abuelos nunca dejan de ser padres. Esta especie de trabalenguas explica muy bien los conflictos que se generan. Más allá de estos, y entendiendo la dificultad para ponerse de acuerdo, fomentemos las relaciones familiares y enriquezcamos a nuestros hijos con la experiencia.

DISFRUTAR DE LAS VENTAJAS

Cuando los padres/suegros se convierten en abuelos quieren pasar más tiempo con los nietos. «Siempre estamos en casa de tus padres y casi nunca vamos a casa de los míos», «Veraneamos siempre con tus padres», «¿Por qué no podemos dejar a los niños en casa de mis padres cuando salimos?». Son reproches que se dan con frecuencia entre parejas con hijos. La clave está en que ambos tengáis la sensación de que el tiempo está distribuido de forma justa.

Cada uno tendrá que explicar cómo quiere dividir el tiempo. Una vez que la pareja ha llegado a un acuerdo, es el momento de comunicárselo a las familias. Intentad disfrutar de las ventajas que ofrece contar con la confianza de adultos que se ocupen y quieran a vuestros hijos.

Si, por ejemplo, las vacaciones tienen que pasarse de manera ineludible en casa de los abuelos, estas ideas os ayudarán a disfrutar de ese tiempo:

- Estar de vacaciones con los abuelos no significa tener que hacerlo todo con ellos. Reservad momentos de intimidad en los que podáis estar los dos solos o con los hijos.
- Escuchad los criterios de los abuelos, pero decidid vosotros lo que concierne a los hijos.
- Habla con tu pareja de «mínimos necesarios para convivir» y comentadlos con la familia política.
- Evitad enfrentamientos directos. Es preferible hacerse «el sordo» ante algunos comentarios que pueden resultar hirientes.
- Cuando se trate de temas delicados, conviene que sea el hijo y no la nuera/yerno (y al revés) quien se los plantee a sus padres.
- Mantened una actitud abierta y flexible, os ayudará a ver de manera positiva las experiencias que los abuelos aportan a los nietos.

Excepto cuando no se puede llegar a un acuerdo, la alternancia entre las dos familias políticas es la menos mala de las soluciones para que ninguno de los miembros de la pareja se sienta perjudicado.

Los suegros y abuelos que se entrometen demasiado en la vida de los hijos/nietos son los que más conflictos generan. Crean situaciones incómodas en la pareja al aportar consejos que no se les han pedido, hacen comentarios despectivos, visitas inesperadas y demasiado continuas...

Es el caso de Lucía y Alberto. Desde que nació su hijo, los padres de Lucía pasaban demasiado tiempo en su casa, y esto irritaba a Alberto:

Alberto: «Lucía, no podemos seguir así, tus padres están todo el día en nuestra casa. No tenemos ningún momento para estar solos o con el niño».

Lucía: «Bueno, no será para tanto, y además nos ayudan. Se quedan con el niño y mientras nosotros podemos hacer las cosas de la casa».

Pero las semanas iban pasando y el enfado de Alberto cada vez era mayor. Hasta que un día se sentó con Lucía para hablar con ella:

Alberto: «Lucía, me gusta que vengan tus padres a casa, se preocupan mucho por el niño y él se lo pasa muy bien con ellos, pero no pueden presentarse sin avisar y sin preguntar nuestros planes. La semana pasada vinieron cuando íbamos a ver a mis padres, y al final no pudimos salir. Hoy han venido cuando teníamos previsto irnos los tres a pasar el día al parque. Me gustaría que hablaras con ellos y que nos pregunten antes de que vayan a venir».

Lucía: «Estoy de acuerdo, Alberto. Hablaré con ellos».

Alberto: «Gracias, así podremos pasar más tiempo los tres juntos».

La conversación pendiente de Lucía con sus padres se resolvió en los siguientes días: «Mamá, nos encanta que vengáis a vernos, pero nos gustaría que nos avisarais con tiempo. Así podemos organizarnos». Y aunque hubo que recordárselo un par de veces, la tensión entre Lucía y Alberto por el tema disminuyó de manera considerable.

Cómo evitar discutir con tu pareja por la familia política

Hay una serie de normas y actitudes que te pueden ayudar mucho a evitar discusiones innecesarias con tu pareja motivadas por la relación con la familia política cuando esta participa, e incluso interfiere, en la educación de los hijos.

Qué no hacer:

—Callarte lo que te molesta. No compartir con la pareja lo que te ha sentado mal de su madre/padre.

—Criticar constantemente la labor o las decisiones de los abuelos.

—Permitir que la familia intervenga en la resolución de los problemas de la pareja.

—Hablar mal de los padres de tu pareja. Uno puede decir de su propia madre que es pesada, pero si lo escucha de otros no le sentará bien.

Qué hacer:

—Comenta a tu pareja lo que te ha molestado de su familia en términos concretos. Por ejemplo, di «No me ha gustado que tu padre me haya dicho...» en lugar de «Tu padre siempre se mete donde no le llaman».

—Como norma básica, que cada uno se encargue de solucionar los problemas o desavenencias surgidos con sus padres.

—No intentéis que los abuelos hagan todo tal y como vosotros decís. Sed flexibles, a fin de cuentas los padres sois vosotros, no ellos. Asumid que si dejamos a los niños en casa de los abuelos, ellos decidirán el menú de la cena y la hora de acostarse. Y ya sabéis que les prepararán su plato preferido y les dejarán acostarse un poco más tarde... Pero es que esa es la función de los abuelos.

—Buscad soluciones en lugar de limitaros a acusar: «Tu madre no se hace con el niño a la hora de comer, le toma el pelo». Pedid solo un cambio, no que tengan que hacer todo diferente: «Me gustaría que no comiese todos los días macarrones, ¿qué tal si nos sentamos y hacemos entre los dos un menú para la comida del niño?».

Los abuelos forman parte de la familia extensa de tus hijos. Tienen protagonismo y un papel definido que se traduce en una relación llena de complicidad y ternura. Razones suficientes para fomentarla, aunque suponga un esfuerzo añadido.

VII

Cómo recuperar a tu pareja en pocas semanas

Suena a título de película, pero de eso va este libro, de devolverte sensaciones que te gustaban y hacerte sentir algunas nuevas. Así que ahí va el reto.

En la pareja, el paso del tiempo trae consigo el aumento de insatisfacciones y conflictos. Al principio la sensación de bienestar en pareja se mantiene. Pero llegan etapas en las que el conflicto tiene mayor protagonismo. Cuando el nivel de interacciones positivas disminuye, aumentan los reproches y la comunicación aversiva. El primer paso para aumentar la satisfacción en pareja es entender lo que ocurre. El símil que te ofrecemos a continuación deja claro lo que sucede y por dónde empezar el cambio.

Gottman (1979) define la relación de pareja como una cuenta bancaria en la que cada miembro hace una inversión. Todas las cosas positivas que ocurren en la pareja serían «ingresos» en la cuenta, y también hay «gastos» que se reflejarían con situaciones de desagrado en la pareja. El balance final que uno hace en cada momento determina su satisfacción de pareja.

Siguiendo con la explicación de Gottman, cuando la pareja deja su cuenta «en números rojos», es decir, hay más gastos que ingresos, su nivel de insatisfacción será alto. Es el momento de aumentar el saldo, es decir, de incrementar las interacciones positivas en la pareja. Las parejas con saldo a favor se sobreponen antes a los acontecimientos negativos que aquellas que «viven al día».

El cansancio no te puede impedir sonreír cuando pasas a su lado, hacerle caricias o decirle palabras cariñosas, aunque ahora lo hagas mientras cocináis o en el trayecto del pasillo entre los deberes de uno y el baño del otro.

Existe una época de crianza que requiere un esfuerzo físico por ambas partes y en la que pensar en hacer algo que quite horas de descanso o de sueño pone los pelos de punta. Sin embargo, el esfuerzo se verá recompensado. Inténtalo: prepara una cena especial en casa para cuando se acuesten, ten detalles como regalar una caja de bombones, unas entradas para el cine o, simplemente, establece un tiempo para pasar con tu pareja en el que la conversación no trate sobre los niños, sino de asuntos que quedan fuera de la esfera familiar (trabajo, amigos, política, actualidad, una serie que os guste a ambos...).

Cuando los niños crecen, las disputas se hacen más frecuentes y entonces se necesitan «tiempos para reforzar» y «tiempos para negociar», por este orden. El tiempo de pareja aumenta, pero a veces se convierte en una forma de alargar las discusiones y, si no están delante los hijos, uno se permite determinadas críticas hirientes fruto del enfado e incluso de la ira. Sea cual sea la edad de los hijos, hay consejos que no fallan. Descubre en este ejemplo pautas sencillas para frenar el conflicto y aumentar la satisfacción.

RECUPERACIÓN PASO A PASO: EL CASO DE ALICIA Y RAFA

«Nos pusimos como norma esperar a que los niños se acostaran para discutir en la cocina nuestras diferencias, pero hemos convertido ese rato en la excusa para reprocharnos desde la actitud de cada uno con los hijos hasta la gestión económica de la familia o lo entrometidos que son los abuelos», comentan Alicia y Rafa.

Es cierto que hay espacios en la casa que ayudan a que la conversación sea más fluida: el salón, cuando no hay que madrugar, y mejor con un aperitivo especial. Sin hijos en casa o con los niños acostados es fácil hablar de una manera más serena. Tiene muchas ventajas para la pareja tener una hora y un sitio donde «verse» y disfrutar.

Alicia y Rafa intentaron buscarlo, pero la idea misma se les volvió en contra. Seguramente a los protagonistas de nuestro ejemplo no sea la cocina, ni tampoco la hora, lo que les lleva a discutir tanto. Tendrá que ver más bien con épocas de estrés, cansancio laboral y personal, sentirse poco querido y muy criticado y poco valorado... Pero por algún sitio hay que empezar el cambio, y lo que te proponemos es fácil de hacer y muy rentable en lo que a resultados emocionales se refiere.

Alicia y Rafa necesitaban buscar un lugar neutral y positivo para establecer una comunicación distinta. Te describimos el recorrido que fueron haciendo, y nosotros les acompañamos guiando las actuaciones que les devolvieron la sensación de satisfacción con su vida de pareja y familiar.

Es fácil identificarse con Alicia y Rafa, por eso los hemos elegido para ejemplificar qué hacer cuando quieres recuperar a tu pareja.

LAS DOS PRIMERAS SEMANAS

Empezamos con el plan. En esta primera fase habrá que aumentar los ingresos de una cuenta bancaria que está en números rojos.

1. Hablar en un lugar neutral. Alicia y Rafa quedaron a cenar en un restaurante: un espacio público nos impide perder las formas. En un sitio así no gritamos, no gesticulamos, no pegamos un portazo. Esto quiere decir que hay situaciones que frenan la posibilidad de que nos dejemos llevar por el enfado y facilitan que aparezcan habilidades para comunicarnos de manera eficaz.

2. Elegir los temas de los que se puede hablar y de los que no. Se decidieron los temas de los que podía hablar: «Vais a contaros qué os enamoró el uno del otro cuando os conocisteis». Se determinaron temas prohibidos: hijos,

familia política, gestión financiera de la casa. Si en algún momento saliera alguno, el otro tendría que desviar la conversación hacia recuerdos agradables de su relación: «¿Te acuerdas de cuando nos conocimos?», «¿Recuerdas aquella fiesta en la que...?», «Cómo nos reímos cuando Mengano apareció en casa con...».

3. La cena sería solo el primer paso para recuperar:

—Tiempos de pareja sin conflictos.

—Espacios de comunicación agradable.

Terminada la cita y antes de volver a casa, hay que cerrar la siguiente. Aquí cabe hacer un plan con amigos comunes o ir al cine en pareja, lo importante es convertir en rutina este tipo de tiempos donde no cabe el conflicto.

4. Tareas para casa. En casa habrá que hacer perdurar las sensaciones de la primera cita de esta nueva etapa. Una buena forma será acompañar el «Buenos días» de: «Me encantó cenar contigo anoche».

Les pedimos que cada uno se centrara en lo que le gustaba del otro y, lo que era más difícil, que se lo dijera. Algunos de los «piropos» que se dijeron Alicia y Rafa fueron:

— «Admiro la paciencia que tienes con el niño cuando hace los deberes».

— «Me encanta que sonrías al llegar a casa».

— «Te agradezco que te hayas quedado con los niños mientras dormía la siesta, estaba agotada».

— «Hoy estás muy atractivo, ese color de ropa te favorece».

Como se aprecia en el ejemplo, ser selectivo con lo positivo hace que el otro se sienta reconocido y admirado, y además consigue que aumente el número de frases positivas que recibes.

Un buen ejercicio para esta etapa es «Sorprende a tu pareja haciendo algo bien y díselo», que ya hemos descrito en la página 47.

La semana especial

La semana especial es otro ejercicio que aumenta vuestro capital. Consiste en lo siguiente: durante una semana, proponte hacer la vida agradable a tu pareja. Piensa en lo que le gusta y hazlo. Al final de la semana busca alguna sorpresa y pregúntale si ha notado tu esfuerzo. Rafa decidió preparar una «semana especial» para Alicia:

— El lunes se ocupó de bañar a los niños mientras ella veía tranquilamente el telediario.

— El martes fue a buscar a Alicia al trabajo y comieron juntos.

— El miércoles volvió a casa con la compra de la semana, incluida una lata del foie preferido de Alicia.

— El jueves se sentó a ver una película con ella mientras le hacía caricias.

— El viernes se ocupó de llevar y recoger a los niños de las actividades extraescolares.

— El sábado se los llevó al cine mientras ella se iba a pasar la tarde con amigos.

— El domingo Alicia le dijo: «Estoy alucinada, me ha encantado todo lo que has hecho esta semana. Te has ocupado de mí como hacía tiempo que no ocurría y quería agradecértelo y reconocértelo». Rafa contestó: «Gracias».

Si aumentas las actuaciones positivas con el otro tienes muchas probabilidades de que el otro haga lo mismo contigo.

Si al principio eres reticente a hacer los ejercicios que te proponemos porque te parecen artificiales y forzados, te endentemos. Casi todo el mundo se sintió como tú al empezar. Se trata de incorporarlos a tu repertorio de respuestas; incluso te servirán en otras áreas de tu vida. En cuanto experimentes los maravillosos resultados que obtienes, estarás enganchado y no podrás actuar de otra manera.

¿Y el conflicto? No desaparece, solo lo aparcamos. Recuerda el símil de la cuenta bancaria de Gottman. Alicia y Rafa están en números rojos y necesitan aumentar ingresos. ¡Así que ahora el plan consiste en invertir para volver a tener saldo!

Tercera y cuarta semanas

Tras un tiempo invirtiendo volvemos a tener saldo que utilizar cuando llegan imprevistos y es el momento de empezar a afrontar las situaciones que han llevado al conflicto, esta vez para llegar a soluciones.

Pensar en dificultades en pareja es sinónimo de «resolver conflictos». En el caso de las familias, equivale a «tomar decisiones», porque si hay algo que hacen los padres desde que tienen hijos es decidir:

nombre, chupete o no, cuna o cama, pañal o calzoncillo, colegio, actividades deportivas, paga, horas de llegada a casa, novios bajo el mismo techo, moto o coche... y así un largo etcétera.

Todo el mundo toma decisiones, la idea de este apartado es indicarte cómo aumentar las probabilidades de que lo hagas con tu pareja con el menor coste emocional posible para ambos y de la manera más eficaz.

Como supondrás, vamos a hablar de cómo negociar. Te adelantamos que la actitud de ambos tiene que estar dirigida a la cesión. Porque solo escuchando, explicando, pidiendo y cediendo llegaremos a una solución consensuada que satisfaga a ambos.

Durante esta fase tendrás que proponerte conversar con tu pareja todos los días.

Conversar todos los días

Lo hemos adelantado en anteriores capítulos, hay que dedicar tiempo a la pareja. Elegid, según el funcionamiento de vuestra familia, cuándo. Recuerda las distintas habilidades que te describimos en el apartado de «Tiempo en pareja» (páginas 90-96) y ponlas en práctica cuando charléis. ¿No tienes costumbre? ¿No sabes por dónde empezar? Aquí te lo contamos paso a paso:

—Elige el momento propicio. A punto de salir de casa un lunes, en el coche en plena caravana, mientras tu hijo grita que no le dejas hacer nada... no parecen momentos con la tranquilidad necesaria para empezar una conversación del tipo: «Tengo que decirte algo importante». Es más, el otro no te va a escuchar. Dedica toda su atención a situaciones urgentes que necesitan de actuaciones rápidas.

Mientras los peques están jugando en el parque, cuando estáis solos en casa o vuestros hijos se han dormido, o están viendo una película o en la cama antes de dormiros..., esos sí son momentos que podéis aprovechar para comunicaros.

—Entrenando la escucha. Cuando el ritmo de la familia no permite que nos paremos a escuchar a la pareja, un buen ejercicio es obligarnos a charlar mientras hacemos las tareas cotidianas (recoger la mesa, poner la lavadora o mientras nos ponemos el pijama para acostarnos). Pronto se convertirá en un ritual saludable que fomentará las conversaciones de calidad.

—Utiliza un tono afectuoso. Úsalo tanto en la crítica como en el refuerzo. «Cariño, estoy muy cansada y con poca paciencia. Llegar a casa tarde y tener que hacer la cena me agobia, y estoy pensando si podrías ocuparte tú hasta que yo esté un poco más liberada de trabajo». Deja que el otro se exprese sin interrumpirle: «Pues mira, la verdad es que saltas enseguida y nos gritas demasiado a los niños y a mí. Entiendo lo que te ocurre, pero me enfada que seas injusta con los niños por tu cansancio. Si crees que quitándote la cena estarías más amable, genial, pero alguien se tiene que ocupar de los deberes porque, si no, el que acabará gritando soy yo».

—Da muestras de interés y apoyo al otro. «Tienes razón en que me he ocupado poco de cómo estás tú. Cuéntame».

—Funciona como un equipo. «¿Se te ocurre qué podríamos hacer para no estar tan agobiados?» o «Puedo pensar en menús poco elaborados para que el tiempo de la cena se vea reducido o hacer la cena mientras revisas las tareas de los niños. Pero se me ocurre que quizá el fin de semana sea el momento de repartir tiempos para descansar. Te propongo que cada uno tenga un rato para él solo mientras el otro se ocupa de los niños».

— Cuenta cómo te sientes, pide aclaración de lo que te genere dudas y termina con una frase afectiva: «Te adoro, me parece genial la propuesta».

Este ejercicio de comunicación hecho a diario genera hábito y fortalece la relación, porque haces frente común con tu pareja de cara a establecer límites y normas, castigos, premios, rutinas y actuaciones dentro de la organización familiar. De no hacerlo, te descubrirás discutiendo sobre lo mismo día sí y día también. Sería algo así como vivir en un continuo «día de la marmota» sin hacer cambios y desgastando la energía en discutir en vez de hacerlo en resolver.

Cuando no se consigue «conversar todos los días» suele deberse a alguna de las razones que te describimos a continuación:

— La predisposición. En muchos casos pensamos de antemano que lo que el otro nos va a decir es negativo y en nuestra respuesta incluimos gestos, muecas, actitudes del mismo signo. «Ya estás con lo de siempre, la culpa es mía, ¿no?».

— La trampa de la empatía. Creemos que sabemos cómo se siente el otro y no lo preguntamos. Damos por hecho que nuestra apreciación es real. «Siempre te enfadas y discutes por lo mismo».

— Contraatacar inmediatamente. No escuchar las razones del otro, no discriminar qué parte de la crítica es real, pensar que es una debilidad reconocer nuestros fallos son algunas de las ideas que llevan a mantener la actitud de que «la mejor defensa es un ataque». «¿Que tú estás cansado? Pues entonces yo, ¿cómo estoy? Ya te quisiera ver ocupándote de la mitad de las cosas que hago. Lo que pasa es que no pongo cara de llorar como tú ni me quejo».

Por si no ha quedado claro, lo que piensas del otro es el desencadenante de tus emociones. Si piensas en positivo, te sentirás así, y al contrario. ¡Y ojo!, tendemos a ser selectivos con lo negativo y nos ocupa mucho más tiempo que lo positivo. Parece que encontramos más placer en recriminar que en echar flores y, claro, se siembra lo que se recoge.

Hasta aquí habrás conseguido aumentar en tu relación de pareja:

— El número de comportamientos positivos.

— Ratos de escuchar y hablar.

— Toma de decisiones conjuntas sobre el día a día familiar.

Una vez que empieces a utilizar las distintas estrategias que te describimos, notarás los resultados. Recuerda que la combinación de todas ellas es lo que más satisfactoria hace la relación.

Llegamos al final de nuestra propuesta de recuperación de tu pareja. Si habéis completado las tareas sugeridas, es el momento de retomar los conflictos que os llevaron al desgaste. A partir de ahora estáis preparados para negociar la convivencia sin que cada diferencia se convierta en un conflicto.

Empecemos recordando que negociar implica llegar a un consenso en el que cada uno obtendrá lo que desea del otro o de la situación (esta es la parte que más te gusta) y que cederá en función de las peticiones del otro (esta es la que más te costará). Lo descrito implica que hoy irás con tus amigos a la cena que tanto te apetece sin encontrar ningún reproche en casa y, a cambio, sonreirás cuando prepares las cenas de la semana que viene mientras tu pareja entrena para la maratón que tanto le apetece correr.

¿Y por qué insistimos en la sonrisa y los reproches? Porque esto solo funciona si dejamos de lado ideas del tipo: «Ya se ha salido con la suya», «Lo hace solamente para jorobarme», «En realidad lo único que le importa es su maratón, ya quisiera que me dedicara la mitad del tiempo que le dedica a correr».

Te proponemos sustituir «siempre sale ganando» por «aquí ganamos los dos». Veamos cómo.

Antes de empezar, plantéate:

— ¿Qué quieres decir?

— ¿Cuándo lo quieres decir?

— ¿Cómo lo vas a decir?

Vamos a explicártelo con un ejemplo: en casi todas las negociaciones hay peticiones. Te contamos cómo resolver una de esas situaciones cotidianas que nos hacen enfadar tanto cuando se repiten sin que las resolvamos y que nos llevan a dirigir nuestra hostilidad hacia el de enfrente, aumentando la coacción y bloqueando la posibilidad de resolverlas.

¿Qué quieres decir?

Describe cada conflicto empezando por los que ocurren todos los días y te molestan. Es decir, piensa qué ocurrió y qué hizo cada uno y cuéntalo en primera persona, en presente y centrándote en la situación a resolver:

«Cuando llegas a casa, estamos cenando. A mí me cuesta muchísimo sentar a los niños, pero los llamas y todos se levantan a saludarte. Luego vas a cambiarte de ropa y yo soy quien tiene que volver a perseguirlos a gritos para que vuelvan a la mesa».

«Ya, pero es que me encanta que vengan a darme un beso cuando llego».

«Pero luego te vas a tus cosas y me dejas el follón».

¿Cómo lo quieres decir?

A partir de aquí hay dos opciones:

—La que bloquea el acuerdo: podéis manteneros en una competición sobre quién hace peor qué.

«Me voy porque no aguanto tus caras largas, chillas a los niños y, de paso, a mí también. Vamos, que hay días que se me quitan las ganas de volver a casa».

«Anda, claro. Ya me gustaría a mí poder cogerme un tiempecito para cambiarme de ropa y relajarme. Que me paso la tarde con un niño colgado de cada pierna».

«Bueno, tampoco es que yo venga de pegarme la juerga padre, ¡que vengo de trabajar! Eso que sirve para que esta familia tenga una buena vida».

«Pues si se trata de eso, te quedas tú con los deberes, los baños, la cena, etcétera. ¡Cómo me gustaría verte desenvolviéndote aquí, anda que no me gustaría dedicarme a jugar en vez de atender que hagan sus cosas!».

Y así, podemos seguir subiendo el tono y el número de reproches hasta ese punto sin retorno del que seguro nos arrepentiremos mañana.

— La que desbloquea y llega a acuerdos:

«Cuando entras por la puerta y saludas a los niños, se levantan. Me enfado porque me cuesta mucho sentarlos a la mesa».

«Entiendo tu enfado, pero es que me encanta volver a casa y que vengan a verme».

«Lo sé, pero si en vez de entrar llamándolos te acercas a la mesa y los saludas allí, no se levantarían y después podrías ir a cambiarte de ropa y dejarlos cenando».

«Ok, puedo hacerlo. Pero querría saber si tú podrías sonreír cuando llegue. Me pone de mal humor oírte regañarlos según entro por la puerta».

«Vale, entonces cuando llegues vendrás directamente a la mesa y te saludaré con una sonrisa».

Cambiando la forma de comunicación hacia la búsqueda de soluciones eficaces como la del ejemplo, empezamos a poner en marcha las herramientas descritas en este capítulo. Por tanto, recuerda:

— Hablar en primera persona.
— Describir cómo te sientes.
— Pedir un cambio de conducta.

¿Cuándo lo vas a decir?

Encontrar el momento oportuno constituye una habilidad. En nuestro caso, el elegido fue después de la cena, mientras los niños veían un rato la televisión.

Seguramente ya habrás notado que la cocina de Alicia y Rafa se había convertido en el escenario de sus reproches. No estamos hablando de lugares con malas vibraciones ni de magia negra, simplemente era el espacio de la casa donde se originaban los conflictos, que además empezaban en cuanto uno de ellos aparecía por la puerta. Por eso decidieron hablar en su dormitorio. Al principio, por lo tanto, buscar lugares neutros y evitar aquellos que relaciones con discusiones fuertes será la pauta.

Enemigos de la negociación

Después de un tiempo sonriendo en el mismo espacio donde comenzaban las discusiones, se invierte la balanza y la probabilidad de que cambie la carga negativa es muy alta. Pero, ¡ojo!, amenazas, gritos y descalificaciones son grandes enemigos de la negociación cuando hay que ponerse de acuerdo. Vamos a poner un ejemplo representativo para detectar errores y ofrecer la alternativa:

¿Qué quieres decir?
«Ya está bien, estoy hasta las narices de que cada vez que intento resolver algo con alguno de los

niños te pongas a dar gritos diciendo que soy incapaz de imponerme y castigarles. No aguanto más que me desautorices».

«¿Eso crees? Pues si no aguantas más, ya sabes lo que tienes que hacer. Cada vez que te ocupas de algo tengo que resolverlo yo. Vamos, que a ti te toman el pelo, que si fuera por ti estarían todo el día haciendo lo que les da la gana».

«¡¿Ves?! Ya estás con gritos y amenazas. Así es como tú resuelves las cosas. Luego me dirás que estás cansada de tener que hacerlo todo. Pero solo vale hacer las cosas como tú dices».

«Eso, la culpa es mía, como siempre».

Podemos imaginar el tono de voz llegados a este punto. Es fácil adivinar que, aparte del enfado y el alivio momentáneo, nada bueno saldrá de los gritos, y que esta situación se seguirá produciendo mientras no se hagan cambios en la pareja.

Si te paras y reflexionas, en realidad el mensaje que quieres transmitir es: «Me gustaría que me dejaras manejar las situaciones conflictivas con mi hijo. Si te entrometes cuando lo estoy haciendo, me enfado, porque descalificas mi autoridad como padre». Veamos cómo y cuándo hacerlo con los protagonistas del ejemplo.

¿Cómo/cuándo lo quieres decir?

Siempre hay un miembro de la pareja que está más tranquilo que el otro y podrá frenarlo. En nuestro caso, supongamos que es él quien está intentando hablar con su hijo.

1. Cuando se encuentra con los gritos, puede esperar a que termine su pareja para pedirle hablar sin los niños delante. Si el momento es propicio, un «Quédate viendo la tele que voy a hablar con tu madre» es suficiente. Si nos pilla en plena vorágine de rutinas cotidianas, pospongamos la conversación a otro momento (ojo, en ese mismo día, o correremos el riesgo de acumular conversaciones no mantenidas y vomitaremos todo en el momento menos oportuno).

   Sería algo así como: «Acabamos con los deberes y después de la cena hablamos de lo que ha ocurrido», acompañado de la seriedad que necesita la frase pero con tranquilidad. Así ya le comunicas a tu pareja que hay algo que quieres resolver y no algo de lo que quieres discutir.

2. En demasiadas ocasiones aprovechamos un acontecimiento para sacar del baúl todo lo que no habíamos hablado y aparecen los «tú siem-

pre, yo nunca». Por eso, céntrate en la situación que te ocupa y olvida el resto: «Si regaño a Pablo y tú vienes dando gritos para castigarle me irrito muchísimo, porque me siento desautorizado y ridículo. Si me dejaras terminar y comentaras lo que piensas después, cuando el niño no está delante, podríamos hablar de manera más serena».

3. La cosa se puede complicar, aunque lo esperable es que el otro reciba el mensaje y reconozca la eficacia de hacerlo así. Las primeras veces que utilices estas estrategias de comunicación puede intentar volver a lo de antes.

«Hablar, hablar... No hay nada que decir. ¡Eres un blando y punto! Llevo una hora oyendo cómo te toma el pelo. Tanta tranquilidad me pone de los nervios».

Pensemos entonces en desarmar la ira: este modo de proceder permite separar los temas y centrarse en el que consideremos importante. En nuestro caso, sería así: «Entiendo que te enfade mi actitud, ¿podríamos hablarlo más tarde?».

Tengamos en cuenta que el objetivo es dejar la discusión para otro momento en el que el niño no esté delante. Además podrás tomarte un tiempo en el que la activación emocional se estabilice, permitiendo que el enfado disminuya y no entorpezca la búsqueda de soluciones. Una ducha, un paseo, una charla relajada con un amigo puede hacernos desconectar, tranquilizarnos, bajar la intensidad de las emociones y relativizar lo ocurrido.

Además está la ventaja de que nuestros hijos aprenderán formas de negociación y comunicación eficaces teniendo como modelos a sus padres. Ya sabemos que los hijos repiten, en muchas ocasiones, el esquema de relación de pareja que les transmitieron en su familia.

¿Y después? Pues ahora vamos a enumerarte actitudes que permitirán que lleguéis a una solución consensuada. Es decir, que negociéis.

Las situaciones serán distintas, el talante de los miembros de la pareja también, por eso conviene que conozcas y practiques los recursos de comunicación que te presentamos a continuación.

Cuando vayas a pedir un cambio o a expresar una opinión:

- Sé breve, exprésate en primera persona, di lo que quieres:

—«Me gustaría que cuando comemos juntos no contestaras al móvil».

—«A veces, cuando discutimos me gritas y eso me hace contestarte mal».

—«Si insistes mucho en algo, me altero y te contesto con mal genio».

- Utiliza un tono tranquilo, mira al otro, dulcifica el gesto y sonríe si el comentario lo permite.

- Expresa sentimientos en tus frases:

—«Me encanta verte charlando con los niños».

—«Cuando me dices las cosas en tono relajado, soy capaz de explicártelas o disculparme y me siento satisfecho de poder hacerlo».

- Escucha lo que el otro te dice: atiende TODO lo que diga con interés, sin interrupciones ni lecciones magistrales sobre lo que le ocurre y, por supuesto, sin contraatacar. El objetivo es recibir la información de lo que siente el otro.

—«Me paso el día acompañando a los niños a sus actividades. Veo cómo en las demás familias o se turnan para asistir o van los dos, y empiezo a pensar que deberías venir, que no te das cuenta de lo importante que es para los niños verte allí, que te preocupa más cualquier cosa que no sea atender a tu familia y que, encima, no valoras el esfuerzo que supone para mí estar con ellos. Y, lo que es peor, que te da igual formar parte de la vida cotidiana de tu familia».

— «Es cierto que no asisto a las actividades de los niños» (aceptación, reconocimiento de la crítica). «No sabía que para ti era tan importante que me ocupara del tema. Me duele que pienses que no me implico en la vida familiar y creo que podría asistir puntualmente a algunas de las actividades» (expresión de sentimientos propios). «Siempre he pensado que tu asistencia era suficiente y valoro mucho que lo hagas porque me permite ocuparme de otras cosas. Pero podemos pensar en organizarnos de otra manera» (reconocimiento del esfuerzo del otro y ofrecimiento de la posibilidad de cambio).

● Asegúrate de que has entendido el mensaje:
— «Me paso el día organizándolo todo, estoy hasta el último pelo de la cabeza de hacer recados para todo el mundo. Ahora, encima, toca decidir las vacaciones de la familia, a las que todos pondréis pegas».

— «Entiendo que sería una solución para ti si me ocupara yo de organizar las vacaciones de este verano».

- Asegúrate de que el otro lo ha entendido:
  — «Estás tan pendiente de que a los niños no les pase nada que cualquier actividad que proponga con ellos te parece que es peligrosa. Me gustaría que, de vez en cuando, no llamaras veinte veces para comprobar que todo está bien y te fiaras de mí. ¿Entiendes por qué te lo pido?».

- Resume lo que el otro dice utilizando frases del tipo: «¿Te he entendido bien?», «Creo que estás diciendo que...», «Corrígeme si me equivoco: dices que...». Puede que en algunas ocasiones no tengas claro cómo resumir la conversación. Te proponemos que utilices el reflejo de lo que crees que siente tu pareja: «Creo que te enfada mi actitud», «No tengo claro qué hacer, ¿me cuentas más acerca de lo que te enfada?». Estas frases le están diciendo al otro: «Tengo en cuenta tus sentimientos, pero no sé qué hacer para que te sientas mejor».

Si crees que todo lo anterior, además de buenas palabras, no ha generado ningún cambio en el tipo de comunicación con tu pareja, evalúa primero los pasos y encuentra los que te has saltado. Es cuestión de perseverar.

Errores que bloquean la comunicación

Te aportamos la lista de los errores que se cometen con más frecuencia y las frases que los evidencian. Si detectas alguna en tu discurso, cámbiala, porque probablemente son las que impiden que fluya la comunicación con tu pareja:

— Atacar: «Me lo dices tú, que eres incapaz de...».
— Amenazar: «O haces lo que te digo o...».
— Negar: «Pero qué dices, tú estás fatal de la cabeza si crees que...».
— Ridiculizar:«Bla, bla, bla con esa vocecita que pones. ¿Qué te crees? ¿Que me van a hacer cambiar de opinión con tus charlas? Anda, a ver si encuentras a alguien que te aguante la chapa».
— Expresiones de desprecio o indiferencia: «Me importa un rábano qué es lo que te gusta o lo que no, soy así y punto».
— Bloquear: «Que te calles, que me da exactamente igual lo que piensas».

—Culpar: «¿No fue idea tuya?, pues mira lo que has conseguido».

Una vez entrenadas las habilidades de negociación necesarias y después de haber disfrutado de los primeros acuerdos, queda establecer un sistema de cambios estable y flexible que evite tener que discutir reiteradamente las mismas situaciones.

Te lo contaremos a través de los CONTRATOS. Sí, has entendido bien: te proponemos que establezcas una serie de contratos con tu pareja para poner en marcha las propuestas que te presentamos en este libro. Además, los acompañamos de ejemplos concretos.

Contrato de distribución de tareas cotidianas

Olga cree que asume demasiadas tareas familiares entre la casa y los hijos. Pedro piensa que su mujer es muy desordenada en la gestión del dinero familiar. Ambos discuten acerca de lo que debería hacer el otro, pero no llegan a establecer acuerdos que pongan fin a sus discusiones.

Olga y Pedro deciden empezar por pequeños cambios a través de contratos quincenales y, tras decidir cuáles son las primeras conductas a cambiar, se comprometen a cumplir lo siguiente:

—Olga elaborará un excel con los gastos domésticos y lo actualizará todas las noches, mientras Pedro lava los platos de la cena.

—Pedro se encargará de las cenas los miércoles y viernes, que es cuando llega antes de trabajar, mientras Olga va al gimnasio. A cambio, Olga dejará a Pedro elegir película los sábados y la verá con él.

—Los días que Pedro llegue de trabajar a la hora del baño, se encargará él. A cambio, Olga acompañará a Pedro de compras el fin de semana.

—Olga comprará el pan todos los días y Pedro se ocupará de bajar el vidrio y el cartón por la mañana.

Contrato de distribución del tiempo personal

Teresa es consciente de que Gustavo tiene muchas aficiones: ver su serie favorita antes de acostarse, ir a pescar, ver fútbol con los amigos en el bar de abajo, salir a montar en bici después del trabajo. Nunca le ha importado, es más, le atrae de su marido que sea tan activo. Pero últimamente Teresa distribuye su tiempo entre el trabajo y la casa y echa de menos hacer las cosas que le gustan.

Ha intentado explicárselo a Gustavo, que la entiende y promete buscar alguna solución con muy buena intención y poca eficacia. Teresa le hace la siguiente propuesta:

1. Entre semana:

— Gustavo se encargará de las recogidas de los niños martes y jueves (extraescolares incluidas) y así Teresa podrá ir a nadar a la piscina. A cambio, esos días Teresa se ocupará de los desayunos y de llevarles al colegio, para que Gustavo pueda ir a trabajar en bicicleta y llegar puntual.

— Teresa hará la cena y dejará recogida la cocina los días que haya partido de fútbol y se cogerá una tarde entre semana (que no haya partido) para quedar con amigos. Por su parte, Gustavo recogerá la cocina después de cenar y acostará a los niños el resto de los días, excepto el viernes.

— Los viernes contratarán una canguro para los niños y se tomarán la noche libre. Decidirán si salir solos, quedar con amigos o hacer planes por separado.

2. Los fines de semana:

—Gustavo saldrá a pescar un sábado al mes y volverá en el mismo día o, como muy tarde, a la mañana siguiente. A cambio, organizará una actividad para hacer en familia.

—Teresa dormirá la siesta los fines de semana mientras él se queda con los niños y se compromete a ver con Gustavo los capítulos grabados de su serie favorita el domingo por la noche.

Contrato de aumento de frecuencia
en las relaciones sexuales

Miguel y Bea llevan un tiempo intentando regularizar su vida sexual. Se han propuesto muchas veces aumentar la frecuencia de sus relaciones pero, por un motivo u otro, no lo logran. Ambos se comprometen a cumplir con el siguiente plan: durante las dos próximas semanas:

—Los dos aumentarán las muestras de cariño (besos al salir y entrar en casa, pellizcos a hurtadillas por sorpresa, caricias mientras ven la televisión...) durante el tiempo que dura el contrato.

—Los viernes que ambos dejan de trabajar a mediodía y los hijos están en el colegio, comerán juntos y se echarán en la cama y se acariciarán dejándose llevar por las sensaciones placenteras hasta donde ambos decidan.

—Durante la primera semana, Bea será la encargada de proponer relaciones a Miguel un día distinto del viernes y repetirán el esquema planteado cuando los hijos estén acostados. Durante la segunda, será Miguel quien elija el día para proponérselo a Bea.

Condiciones para que funcione un contrato

Si decides idear tu propio contrato, para que funcione tienes que tener en cuenta que:

—Las actuaciones que se describan deben ser muy concretas y contemplar cuándo y cómo se harán.

—Debe contemplar la misma proporción de esfuerzo para ambos.

—Las consecuencias que se obtengan de la ejecución deben ser positivas e inmediatas.

—Por supuesto, el compromiso debe ser since-
ro: hay que llevar a la práctica lo acordado
y los términos nunca han de ser impuestos
por coacción.

Prémiate por lo bien que lo has hecho

Llegados a este punto solo nos queda felicitarte por
lo bien que has hecho tus tareas y esperar que estés
disfrutando de tu nueva situación de pareja. Te hemos
mostrado la forma de recuperar a tu otra mitad cada
vez que la cuenta bancaria se os quede en números
rojos. Recuerda que las parejas con un alto índice
de satisfacción en su relación se esfuerzan mucho
por conseguirlo. No te preocupes si dentro de un
tiempo vuelves a hojear este libro y tienes que em-
prender una nueva reconquista de tu pareja.

Para terminar, te contamos un ejemplo que describe muy bien todo lo visto a lo largo de este capítulo. Nos llegan muchos casos de parejas que quieren que guiemos su proceso de reajuste. Cuando no
encuentres la forma de desbloquear la situación con
tu pareja, conviene acudir a un profesional, un psicólogo que, como en este ejemplo, dirija tu actuación
y la de tu pareja a la consecución del objetivo.

Raquel llega a la consulta acompañada de su pareja, Juan. Está seria, comenta cómo le ha ido la semana y se revisan las tareas que tanto Juan como ella tenían encomendadas. Todo aparentemente normal.

Entonces el terapeuta hace el siguiente comentario a Juan: «Parece que Raquel está a disgusto por algo, ¿tienes la misma sensación?».

Este responde: «La verdad, no había reparado en ello».

El terapeuta pide a la pareja de Raquel que haga el ejercicio de preguntarle tal y como habían aprendido en sesiones previas: mirándose a los ojos, parafraseando la respuesta del otro y terminando con una pregunta. Ocurre lo siguiente:

Juan: «Raquel, me da la sensación de que hay algo que te está enfadando. ¿Es así?».

Raquel: «Pues mira, sí, llevo mucho tiempo sin parar de hacer cosas por los demás. Tú sales, haces deporte, llegas y te sientas un rato. Vamos, que tienes tu tiempo, y yo llevo un mes intentando buscar un hueco para ir a la peluquería y no puedo porque no tengo con quién dejar a los niños».

Juan: «Entiendo que te enfades. Tienes razón en que podría quedarme con ellos mientras tú te vas. ¿Eso sería suficiente?».

Raquel: «Pues de momento sí» (con retintín).

Juan: «¿Quieres decirme algo más?».

Raquel: «Que estoy agotada, que no tengo tiempo para mí, que te pasas el día fuera de casa y que no te ocupas de nosotros dos, te has vuelto un egoísta» (llora).

Juan: «Te enfada que yo tenga tiempo y tú no. ¿Es así?».

Raquel: «Pues claro».

Juan: «Vayamos por partes: ¿te haría sentir mejor si buscamos tiempo para que vayas a la peluquería la semana que viene? Podríamos aprovechar para instaurar tu rato todas las semanas».

Raquel: «Sí, pero eso no soluciona lo egoísta que te has vuelto».

Juan: «¿Qué podría hacer para que te sintieras mejor?».

Raquel: «Ahora mismo no lo sé. Me gustaría que tuvieras tiempo para nosotros, que prepararas actividades en familia, que fueras más cariñoso...» (y Raquel enumera una larga serie de cambios muy generales y difíciles de concretar para ponerlos en práctica).

Juan: «Entiendo que quieres que cambien muchas cosas que te enfadan. Tienes razón en que no he estado pendiente de ti últimamente. Por eso te

La pareja en familia

propongo que establezcamos el rato de la peluquería todas las semanas. Para mí será más fácil darme cuenta de las cosas y hacer cambios si estás de buen humor».

Terapeuta: «Bien, entonces Raquel tendrá los martes de cinco a siete para ella mientras tú te quedas con los niños. A cambio, Raquel al volver te dará un beso y tendrá que incrementar el número de sonrisas y caricias: darás los buenos días con un beso y una caricia, lo mismo cuando llegues a casa y cada vez que os despidáis u os encontréis».

Surgirá el descontrol y tendrás que pedir perdón. Tienes que tener claro que la discusión y el conflicto forman parte de la convivencia, lo que hay que aprender es a gestionarlos para que ayuden a avanzar en las relaciones. La comunicación eficaz (de la que venimos hablando en el libro) es el primer escalón. Si te quedas ahí y encuentras la solución, perfecto. Si no, subirás el siguiente peldaño y con ello aumentarán el tono de las conversaciones, el número de críticas y la activación emocional. Pero siempre encontrarás una forma de superarlos y evitar la escalada aversiva con tu pareja.

VIII

Y si decidimos separarnos, ¿cómo se lo contamos?

Muchas parejas, y cada una por motivos distintos, deciden separarse. En general esta decisión se toma después de haber intentado mejorar la convivencia y descubrir que las diferencias irreconciliables no permiten vivir bajo el mismo techo.

La principal preocupación de las parejas cuando la decisión está tomada es cómo afectará la separación a los hijos. No hay bálsamo que ahorre a los hijos el dolor por el divorcio de los padres cuando conocen la noticia, pero sí podemos describirte pautas que lo amortigüen.

«Teresa, papá y mamá han decidido dejar de vivir juntos. Ya sabes que últimamente nos enfadábamos demasiado y creemos que es mejor que cada uno viva en un sitio distinto. Te queremos tanto que a los dos nos gustaría que vivieras con nosotros, pero como no es posible, queremos que sigas viviendo en casa con mamá y así sigas yendo al mismo cole y veas a tus amigos cuando bajes a la piscina o al jardín. Yo te voy a apuntar mi teléfono nuevo para que puedas localizarme cuando quieras, y vendré a verte los miércoles. En cuanto tenga la casa nueva, te vendrás a pasar un fin de semana sí y otro no, y no te preocupes si se te olvida, mamá te lo recordará. Sabemos que esta noticia te pone triste. Queremos que tengas claro que te queremos igual que siempre y que, aunque no vivamos juntos, seguimos siendo tu padre y tu madre».

Hoy en día la separación es una situación a la que se enfrentan muchas familias. En la mayoría de los casos, a los padres que toman esta decisión les preocupa mucho la repercusión que puede tener en sus hijos.

Cómo contárselo a los hijos genera mucha angustia. El caso que acabas de leer te da pistas de cómo hacerlo.

La edad es un factor fundamental para averiguarlo y para decidir la manera de contárselo. Los niños pueden reaccionar de forma diferente, pero hay una serie de rasgos generales.

Hasta los 2 años

El niño no entiende lo que ocurre, pero percibe que algo pasa. Lo importante a esta edad es que mantenga sus rutinas cotidianas. Si pregunta por alguno de sus progenitores, habrá que contarle que está en su casa y cuándo lo verá. Pueden darse retrocesos en algunos comportamientos ya aprendidos (hacerse pis, aumento de rabietas, querer chupete o biberón); es su forma de manifestar que hay cambios en casa y que no le gustan.

Hasta los 5 años

No entiende que la separación es definitiva, es frecuente que fantasee con la idea de una reconciliación. No será hasta los 8 años cuando el desarrollo de sus capacidades le permita entender el concepto «para siempre» tal y como lo entendemos los adultos.

Es muy importante contarle de forma clara el hecho de la separación utilizando palabras que pueda entender y sin entrar en detalles que no necesite saber o puedan hacerle daño. Sería algo así: «Papá y mamá van a separarse y a vivir cada uno en otra casa porque han dejado de ser pareja, pero no han dejado de ser tus/vuestros padres, te/os queremos muchísimo y eso no va a cambiar».

A esta edad pueden echarse la culpa o mostrar su desacuerdo y manifestarlo con retrocesos a etapas anteriores: no querer dormir solo, volver a hacerse pis, estar decaído de ánimo, tener un comportamiento más rebelde.

A partir de los 8 años

Aunque existe el deseo de la reconciliación, ya entienden la situación como definitiva. Echan de menos al progenitor que no vive a diario con él. Pueden aparecer reacciones de enfrentamiento hacia sus padres, a los que consideran responsables de la nueva situación. A esta edad las reacciones esperables van desde los problemas de conducta hasta las reacciones emocionales como el miedo, el llanto... pasando por dificultades en el rendimiento escolar.

A partir de los 12 años

Entiende la separación más o menos como los adultos, pero además puede comprender los motivos. Es posible que viva la separación con cierto alivio en la medida en que pone fin a los conflictos familiares. Aun así, aparecen manifestaciones emocionales como ansiedad y tristeza. Es frecuente que la nueva situación afecte al rendimiento escolar, por lo que será necesario estar pendiente.

Tengan la edad que tengan tus hijos, la clave está en dejarles claro que la separación de la pareja no afecta a su relación padres-hijos.

¿QUÉ PUEDES HACER EN CADA FASE DE LA SEPARACIÓN?

Antes de la separación

Una vez tomada la decisión hay que comunicárselo a los hijos, cuidando mucho cómo y dónde se hace y qué se dice. Si la situación lo permite, conviene que estén los dos progenitores y que se encargue de hablar el que se sienta más tranquilo, siguiendo las pautas que describimos a continuación:

—Presentarlo como una decisión consensuada.

—Intentar mantener la calma y evitar echarnos a llorar o amenazar.

—Ayudar a que el niño exprese lo que siente y manifieste sus dudas.

—No intentar reprimir las reacciones del niño: es normal que llore o se enfade.

—Contarle cómo va a ser su vida a partir de este momento. Intentar que los cambios sean mínimos.

—Mostrar disposición para resolver cualquier duda que le surja en los siguientes días.

Durante el proceso

Desde el momento en el que se toma la decisión, hay que llegar a acuerdos sobre la custodia, pensión, visitas, quién se queda con quién. Son muchas decisiones en poco tiempo, y con la dificultad añadida del estado emocional de los implicados: ansiedad, tristeza, rabia, rechazo a la expareja, amenazas incluso. Es una fase complicada en la que hay que intentar dejar al niño al margen. Evita pedirle opinión o involucrarle en las discusiones o peleas.

Si la crudeza de la separación hace inviable tomar las decisiones que tienen que ver con los niños, no dudes en buscar un profesional (mediador familiar o psicólogo) que os asesore a los dos en este proceso.

Una vez separados

Comienza un periodo de adaptación a la nueva situación, de acomodación a los cambios.

Si lo que les habéis contado es coherente con vuestra actuación, vuestros hijos os seguirán viendo como padres colaboradores y, aunque puedan existir reacciones a la nueva situación, todo volverá a su cauce.

Si os convertís en vuestros peores enemigos, vuestros hijos serán los principales perjudicados, porque la principal consecuencia negativa para ellos no es la separación en sí, sino el mal manejo que los progenitores hacen de la situación.

Para minimizar el efecto en los niños, conviene evitar actitudes como:

—Convertirles en nuestros confidentes.

—Convertirles en espías o mensajeros.

—Convertir al otro progenitor en un tema tabú, evitando hablar de él con el niño.

—Hablarle mal o malmeter acerca del otro progenitor. En los casos más duros, un progenitor «enseña» al niño a rechazar al otro padre.

—No informar al otro progenitor ante acontecimientos importantes del niño.

Lo esperable es que los niños pasen por diferentes etapas, en las que se manifestarán problemas conductuales o emocionales como ataques de llanto, rabietas, descenso del rendimiento escolar, desobediencia.

En un ambiente en el que los padres se reparten las tareas, comparten las decisiones sobre la educación, se profesan respeto mutuo, dedican tiempo a sus hijos y en casa hablan con normalidad del otro progenitor, los hijos entienden que sus padres no dejan de serlo nunca.

IX

Para terminar

Queremos despedirnos con un resumen que te ayude a recordar lo que hemos hablado en este libro. En este decálogo encontrarás puntos que aumentan la sensación de satisfacción respecto a tu vida de pareja:

1. Los cambios que los hijos traen a la pareja son muchos. La balanza se equilibra claramente hacia el lado positivo, pero hay que saber sortear los cambios de índole negativa.
2. Comunicarte en pareja de forma eficaz es el mejor aliado para acompañarte en el proceso de educar. Pero también te hará sentirte más querido, valorado y comprendido.
3. Lo que pensamos del otro condiciona nuestra interpretación de su comportamiento. Si

tienes expectativas ajustadas, realistas y positivas de tu pareja, atribuirás a sus actuaciones un carácter positivo debido a su forma de ser y las adjudicarás a su esfuerzo.

4. Distribuye el tiempo entre familia, amigos, el tuyo propio y el de pareja. Define una proporción con la que ambos os sintáis satisfechos.

5. Las tareas del hogar suponen un sobresfuerzo para cualquiera. Busca un criterio que os permita tener la sensación de que están divididas de manera equilibrada.

6. Tener familia no tiene por qué impedir el crecimiento profesional y contribuye a que los hijos vean a sus padres como personas competentes y capaces. Decidas lo que decidas, que la culpa por quitarle tiempo a la familia no sea lo que te mueve.

7. El sexo es un área muy satisfactoria para la pareja si ambos llegáis a un acuerdo sobre la frecuencia y buscáis la máxima calidad de vuestras relaciones.

8. Cuando la familia extensa tiene claro el tiempo y las funciones, disminuyen los roces y aumentan las satisfacciones.

9. La pareja cambia y, cuando lleguen los «números rojos», tendrás que estar pendiente de

«aumentar el saldo de vuestra cuenta» con un plan de reconquista.

10. Los hijos son el mejor plan común que tienen los padres. Pero, además, la pareja debe buscar otros proyectos conjuntos.

La pareja es fuente de satisfacción cuando ambos miembros se esfuerzan por que así sea. Se puede ser padre sin pareja y criar a hijos felices. Pero cuando se decide tener familia con pareja, se asume además la responsabilidad de transmitir a los hijos un modelo de comunicación que, probablemente, repetirán cuando sean adultos.

Las parejas duran porque encuentran más cosas positivas que negativas de su relación y el índice de satisfacción depende del empeño que ambos pongáis en aumentarlo. ¡Disfruta de la tuya!

Anexos

RESPUESTAS A LA ESCALA DE AJUSTE MARITAL
(PÁGINAS 30-33)

Debes sumar los ítems según la pauta que te damos aquí. El punto de corte de la escala está en los 100 puntos; por debajo de esta puntuación el ajuste marital provoca infelicidad en la persona, mientras que por encima la persona siente y vive su relación de pareja como satisfactoria.

0	2	7	15	20	25	35
Muy infeliz			Feliz			Completamente feliz

Puntuación de cada ítem según las respuestas:

	Siempre de acuerdo	Casi siempre de acuerdo	Ocasionalmente de acuerdo	Frecuentemente en desacuerdo	Casi siempre en desacuerdo	Siempre en desacuerdo
2. Manejo del dinero familiar	5	4	3	2	1	0
3. Actividades de ocio y distracciones	5	4	3	2	1	0
4. Demostraciones de afecto y cariño	8	6	4	2	1	0
5. Amigos	5	4	3	2	1	0
6. Relaciones sexuales	15	12	9	4	1	0
7. Costumbres (modos y maneras socialmente apropiados)	5	4	3	2	1	0
8. Filosofía de la vida	5	4	3	2	1	0
9. Modo de tratar a parientes y familiares	5	4	3	2	1	0

Puntuación de cada alternativa marcada:

10. Cuando surgen desacuerdos, en general termina en que:

a. Cedo yo 0

b. Cede mi pareja 2

c. Negociamos de mutuo acuerdo 10

11. ¿Tenéis y disfrutáis tu pareja y tú de intereses o actividades comunes fuera de las profesionales?

a. Todas en común 10

b. Algunas de ellas 8

c. Muy pocas de ellas 3

d. Ninguna de ellas en común 0

12. Durante el tiempo de ocio, qué preferís tu pareja y tú normalmente, ¿salir o quedaros en casa?

a. Ambos preferimos quedarnos en casa 10

b. A ambos nos gusta salir 3

c. Discrepamos en este punto 2

13. ¿Con qué frecuencia te asalta la idea de que ojalá no te hubieras casado/decidido a convivir?

a. Frecuentemente 0

b. De vez en cuando 3

c. Raramente 8

d. Nunca 15

14. Si pudiera volver atrás en el tiempo y pudiera decidir de nuevo, creo que:

a. Me casaría/conviviría con la misma persona 15

b. Me casaría/conviviría con una persona diferente 0

c. No me casaría/conviviría con nadie 1

15.¿Confías en tu pareja?

    a. Casi en ningún caso 0

    b. Raramente 2

    c. En la mayoría de las cosas 10

    d. En todas las cosas 10

ÍNDICE DE SATISFACCIÓN

Cuestionario sobre coordinarse para decidir
(páginas 65-66)

Puntuación entre 30 y 21:

Con este nivel de coordinación, no es extraño que os encontréis de sopetón con situaciones en las que cada uno responde de manera muy distinta. Para empezar a resolverlo, sería bueno que os plantearais dedicar un rato a definir qué normas tenéis en casa y cómo vais a reaccionar tanto si se cumplen como si no se cumplen. Estas pautas os ayudarán a empezar a coordinaros:

— Describir qué límites tendréis en casa: no subir los pies en el sofá o llevar la ropa al cesto de la ropa sucia son buenos ejemplos.

— Establecer cómo vais a reaccionar cuando no se cumplan: limpiar el sofá con un trapo o encargarse de ordenar la ropa del armario pueden ser consecuencias de incumplir la norma.

— Establecer cómo vais a reaccionar cuando se cumpla: señalar lo adecuado de su comportamiento con una sonrisa o aumentar un rato de juego con la pareja pueden cumplir este objetivo.

— Comunicad a el/los niño/s los pasos 1 al 3, sin olvidaros de una frase del tipo: «Esto que te/os hemos contado ocurrirá independientemente de quién esté de nosotros dos».

— Manteneos firmes con lo establecido. Al principio puede resultaros algo artificial, pero con un poco de práctica lo incorporaréis como forma de actuar en vuestras situaciones cotidianas.

Puntuación entre 11 y 20:

Aunque en muchas situaciones ofrecéis una imagen coordinada, recordad la importancia de ser sistemáticos para obtener resultados eficaces. Suele ocurrir que las prisas o la falta de práctica hacen olvidar los acuerdos, el cansancio facilita que se suba el tono de voz, la espontaneidad de los hijos os pone en situaciones que no habíais contemplado. Cuando de pronto se presentan situaciones en las que podéis

La pareja en familia

no estar de acuerdo con lo que hace la pareja, poned en práctica las siguientes indicaciones:

— Estableced una discreta señal de aviso que usaréis con vuestra pareja: rozarle el codo, carraspear, tocarle la pierna, decir una palabra...

— Siempre hay uno más alterado que el otro cuando se producen estas situaciones. El que se sienta más tranquilo hará la señal y entonces pueden ocurrir tres cosas:

- El que recibe la señal se retira y deja al otro que retome la situación y lleve a cabo lo acordado.
- Ambos os retiráis y decidís qué consecuencia pondréis en esta nueva situación.
- Que tu pareja utilice la señal para pedirte que lo sustituyas en la situación de conflicto porque nota que se está alterando.

Al principio puede costar acostumbrarse a utilizar «la señal». La práctica facilitará la coordinación de la pareja.

Puntuación entre 0 y 10:
Enhorabuena por vuestro alto nivel de coordinación cuando hay que poner normas y mantener conse-

cuencias en casa. Vuestro éxito radica en actuar siguiendo casi siempre estas pautas:

—Buscáis espacios en los que podéis hablar
y llegar a acuerdos a solas, sin el/los niño/s
delante. Por ejemplo, cuando el/los niño/s se
ha/n acostado.
—Soléis actuar con estilos diferentes, pero transmitiendo el mismo mensaje. Es decir, cuando
uno de los dos pone una consecuencia al
comportamiento del/los niño/s, está consensuada previamente.
—Si uno de los dos se exalta ante un conflicto
con el/los niño/s, es habitual que pidáis un
relevo.

Felicidades, vuestro/s hijo/s aprenderá/n que las
normas hay que cumplirlas independientemente de
con quién esté/n.

Cuestionario sobre reparto de tareas (página 106)

Nº	AFIRMACIÓN	RESPUESTA
1	Cuando hay que hacer algo en casa, ni me molesto en decírselo a mi pareja. Prefiero hacerlo yo, así acabo antes.	Falso
2	Mi pareja se encarga de los recados: sacar al perro, tirar la basura, ir a por el pan..., pero las tareas domésticas «más gordas» las hago yo.	Falso
3	Cuando tu hijo te pide hacer alguna tarea, tú le dices que no, que es demasiado pequeño y que se vaya a jugar.	Falso
4	En casa, tanto papá como mamá nos encargamos de las tareas domésticas.	Verdadero
5	Desde que tu hijo es pequeño ha ido asumiendo responsabilidades, como poner la mesa, llevar su ropa sucia al cesto, recoger sus juguetes, etcétera.	Verdadero

N°	AFIRMACIÓN	RESPUESTA
6	Si mi pareja hace algo que desde mi punto de vista no está bien, se lo recrimino incluso delante de mi hijo.	Falso
7	Suelo decirle a mi pareja lo importante que es todo lo que hace dentro de la familia.	Verdadero
8	En casa tenemos juegos de niños y de niñas, mi hijo no puede jugar a las cocinitas. ¡Eso es cosa de niñas!	Falso

Este libro
se terminó de imprimir
en el mes
de abril de 2016